浙江省哲学社会科学重点研究基地
临港现代服务业与创意文化研究中心
资助出版

浙江省哲学社会科学重点研究基地
临港现代服务业与创意文化研究中心成果丛书

Commodity Logistics Center Construction in the Port System of Zhejiang

浙江省港口大宗商品物流中心建设研究

吴 桥 著

ZHEJIANG UNIVERSITY PRESS
浙江大学出版社

图书在版编目（CIP）数据

浙江省港口大宗商品物流中心建设研究 / 吴桥著.
—杭州：浙江大学出版社，2015.3
ISBN 978-7-308-14409-4

Ⅰ．①浙… Ⅱ．①吴… Ⅲ．①港口－物流－物资管理
－研究－浙江省 Ⅳ．①U695.2

中国版本图书馆 CIP 数据核字（2015）第 032978 号

浙江省港口大宗商品物流中心建设研究

吴　桥　著

责 任 编 辑　杜希武
出 版 发 行　浙江大学出版社
　　　　　　（杭州市天目山路 148 号　邮政编码 310007）
　　　　　　（网址：http://www.zjupress.com）
排　　　版　杭州好友排版工作室
印　　　刷　杭州日报报业集团盛元印务有限公司
开　　　本　710mm×1000mm　1/16
印　　　张　9.25
字　　　数　161 千
版 印 次　2015 年 3 月第 1 版　2015 年 3 月第 1 次印刷
书　　　号　ISBN 978-7-308-14409-4
定　　　价　29.00 元

本成果系浙江省哲学社会科学重点研究基地临港现代服务业与创意文化研究中心项目(13JDLG01Z)的研究成果

内容简介

本书在浙江省大力发展海洋经济背景下,结合浙江省发展大宗商品物流现有基础条件,综合运用物流管理、区域经济学等有关理论与方法,从港口基础设施、集疏运网络、大宗商品交易市场以及配套服务支持体系等方面研究浙江省港口大宗商品物流中心建设,并提出了港口大宗商品物流中心建设的推进政策和措施建议。

本书适用于物流管理、港口管理和区域经济等专业研究生和高年级本科生阅读,也可供企业和政府物流管理部门实际工作人员参考。

前　言

近年来,我国海洋经济平稳增长。2013年全国海洋生产总值达到5.4万亿元,比上年增长7.9%,海洋生产总值占国内生产总值比重达9.5%。我国开发海洋、发展海洋经济已提升到国家战略层面,海洋经济成为东部地区新一轮率先发展的核心内容。

2011年2月,国务院正式批复《浙江海洋经济发展示范区规划》,浙江海洋经济发展示范区建设正式上升为国家战略。浙江省海洋生产总值增幅和海洋生产总值占GDP比重两项指标均高于全国平均水平,且已形成较完备的海洋产业体系。2011年浙江省海洋生产总值为4500亿元,2012年海洋生产总值为4850亿元,2013年海洋生产总值达5560亿元。

"十二五"规划中后期以及未来的一段时期是浙江省工业化中期向后期推进的突破期,浙江省经济转型面临新的压力。为此,浙江省把建设海洋经济发展带、发展海洋经济作为加快推动浙江省经济转型和发展方式的重要抓手,把大宗商品物流中心建设作为重要突破口,提升大宗散货中转储运增值能力,增强港口综合物流功能。而本研究旨在为浙江省港口大宗商品物流中心建设提供理论与实证支持。

本书共分为7章。第1章阐述了浙江省港口大宗商品物流中心建设的背景和意义,并介绍本书主要研究内容;第2章介绍大宗商品物流中心相关概念;第3章分析国内外典型大宗商品物流中心建设的现状,指出浙江省大宗商品物流中心建设所具有的基础条件;第4章分析浙江省港口大宗商品吞吐量时空演变过程,预测未来几年港口大宗商品的货物吞吐量;第5章分析浙江省港口物流中心建设影响因素,确定浙江省沿海港口物流中心建设定位;第6章研究浙江省港口大宗商品物流中心建设的具体内容;第7章提出浙江省港口大宗商品物流中心建设的推进政策和措施建议。

　　本书的研究工作获得了浙江省哲学社会科学重点研究基地临港现代服务业与创意文化研究中心项目(13JDLG01Z)以及服务管理与工程省重点学科和物流管理与工程市重点学科的资助。在本课题研究过程中得到楼百均教授、程言清教授、王艳玲教授、王琦峰教授、李秋正博士、赵娜博士等人的支持和帮助,在此表示诚挚的感谢。此外,衷心感谢为本书的顺利出版提供帮助的领导、朋友和家人。

　　本研究借鉴了国内外学者的学术观点和最新研究成果,同时参考了相关的网站和资料,在每章的最后列出了主要的参考文献。由于作者水平和能力有限,加上时间仓促,难免存在不当之处,恳请各位读者和专家批评指正。

目　录

第1章

导　　论

1.1　浙江省港口大宗商品物流中心建设背景

随着经济全球化的发展,国际物流和共同配送成为物流发展新的趋势,港口除发挥货物中转运输功能外,还积极参与和组织与现代物流相关的各环节业务活动,成为国际贸易和运输体系中的主要基地,港口物流开始进入供应链物流时代。当前,加快现代港口物流业发展面临着重大机遇。国家把振兴现代物流业作为转变经济发展方式的战略举措,浙江省委、省政府对发展现代港口物流业做出了关于建设"港航强省"和"从更高层面发展海洋经济"的战略部署。

1.1.1　海洋经济受到重视

近年来,我国海洋经济平稳增长。我国开发海洋、发展海洋经济已提升为国家战略层面,海洋经济成为东部地区新一轮率先发展的核心内容。国务院于 2010 年 5 月正式批复《长江三角洲地区区域规划》(国函〔2010〕38 号)。2013 年全国海洋生产总值达到 5.4 万亿元,比上年增长 7.9%①,

① 浙江新闻网 http://news.zj.com/detail/1502700.shtml

海洋生产总值占国内生产总值比重达 9.5%。

从"十二五"中后期或更长远的发展来看,在今后一个时期,我国仍然处于经济社会发展的重要战略机遇期和社会矛盾凸显期。积极变化和不利影响同时显现,短期问题和长期问题相互交织,国内国际因素相互影响,保持经济平稳较快发展的任务繁重,经济发展方式转型已成为当前经济发展的重中之重。这个时期,也是浙江省工业化中期向后期推进的加速时期和进入转变的战略突破期。

2011 年 2 月,国务院正式批复《浙江海洋经济发展示范区规划》,浙江海洋经济发展示范区建设正式上升为国家战略。浙江省海洋生产总值增幅和海洋生产总值占 GDP 比重两项指标均高于全国平均水平。2011 年浙江省海洋生产总值为 4500 亿元,2012 年海洋生产总值为 4850 亿元,2013 年海洋生产总值达 5560 亿元,比上年增长 12%[①],已形成较完备的海洋产业体系。

位于长三角地区的浙江省,经济转型将面临新的压力。为此,浙江省把建设浙江海洋经济发展带、发展海洋经济作为加快推动浙江省经济转型和发展方式的重要抓手,把大宗商品物流中心建设作为重要突破口,提升大宗散货中转储运增值能力,增强港口综合物流功能。

1.1.2　现代物流业发展要求

国家在"十一五"规划纲要中明确提出"大力发展现代物流业",中央和各级地方政府相继建立了推进现代物流业发展的综合协调机制,出台一系列支持现代物流业发展的规划和政策,物流在社会经济发展中的地位和作用得到广泛认可。2009 年 3 月国家出台《物流业调整和振兴规划》,提出积极扩大物流市场需求、推动重点领域物流发展、加强物流基础设施建设

---

① 　中农网 http://www.ap88.com/info/detail.jsp? id=101617

的衔接与协调等十大任务和物流园区工程、城市配送工程、大宗商品和农村物流工程等九大重点工程,为各地物流业的发展提供明确方向和重点建设内容。

2010年,国家交通运输部李盛霖部长在全国交通运输工作会上提出,加快发展现代交通运输业,要切实做到"五个努力":努力推进综合运输体系发展、努力提高交通运输设施装备的技术水平和信息化水平、努力促进现代物流业发展、努力建设资源节约型环境友好型行业和努力提高安全监管与应急保障能力。

这对浙江省的大宗商品国际物流中心建设提出了更高要求,也为提升物流服务功能、促进产业升级明确了方向。物流中心建设应当继续朝着全方位的增值服务方向发展,不断提高运营效率以及金融、信息等配套服务水平,提升物流中心对经济社会发展的支撑作用。

1.1.3 "三位一体"体系主载体

浙江省委、省政府于2010年初提出构筑大宗商品交易平台、海陆联动的集疏运网络、金融与信息支撑系统于一体的"三位一体"港航物流服务体系。充分发挥沿海港口现有储备、物流、加工等功能,拓展交易功能,增强石油化工、矿石、煤炭、粮食等大宗物资的战略储备能力,大力发展港口物流,构建大宗商品交易平台,加快现代市场体系建设,促进浙江省经济转型升级,服务长三角乃至全国经济发展。充分发挥各地市港口区位和海岛资源优势,进一步发展原油、石油化工品、矿石、煤炭、粮食等大宗物资战略储备,维护国家经济安全。努力建成我国重要的港口物流基地。大力发展大宗商品的装卸、仓储、配送、加工等物流增值服务,拓展港口腹地空间,完善供应链、延伸产业链、提升价值链。努力建成我国重要的大宗商品交易基地。推进有形市场和无形市场建设,积极开展大宗商品现货交易,探索大宗商品中远期和期货交易,打造具有国际影响力的大宗商品交易中心。

浙江省大宗商品国际物流中心是浙江发挥深水岸线资源比较优势,与上海港错位发展,共建上海国际航运中心的战略方向和平台,是"三位一体"港航物流服务体系建设的主载体、主导向。

1.2 浙江省港口大宗商品物流中心建设意义

浙江省建设大宗商品物流中心具有重要的作用:

1.2.1 保障对外贸易和战略物资储运,维护国家经济安全

我国人均资源占有量低,资源对外依存度高。在全球经济一体化的背景下,经济社会发展的阶段特征和资源国情决定我国战略性资源物资需要大量进口,而这些战略物资将主要通过海上运输从境外到达我国。

浙江地处我国 T 型经济带核心区,在全国沿海战略物资储运体系建设中具有战略地位。2012 年全省港口完成煤炭、石油及制品、金属矿石的吞吐量为 2.02 亿吨、1.42 亿吨和 1.84 亿吨[①]。在浙江建设大宗商品国际物流中心,完善港口集疏运网络,加强金融和信息服务支撑,有利于维护国家能源和战略物资江海联运和海上运输安全。

1.2.2 促进海洋经济发展,加快经济转型升级

浙江人多地少,可开发陆域空间有限。我省海域面积达 26 万平方公里,是陆域面积的 2.6 倍,海洋经济是我省经济社会持续发展的潜力所在。近年来,浙江省委、省政府高度重视海洋经济发展,提出建设"海洋经济强

---

① 2013 年中国港口年鉴

省"、"港航强省"和"海上浙江"的总战略,积极谋划海洋经济发展,海洋经济成为浙江调整产业结构、培育新的经济增长点的主战场。

建设大宗商品国际物流中心,将推动物流业、商贸业、金融和信息产业之间的相互融合,有利于增强浙江省海洋经济发展的集聚辐射能力和产业带动效应,进一步促进海洋、沿海城市、内陆地区的联动发展。

1.2.3 实现与上海江苏港口优势互补,推动长三角世界级港口群建设

浙江省沿海港口是我国东部地区和长江流域面向世界的主要门户,是上海国际航运中心重要组成部分。浙江省大宗商品国际物流中心的建设,将有助于畅通南北海运、江海联运通道,完善上海国际航运中心建设体系,充分发挥差异化比较优势,实现资源共享、优势互补、陆岛联动,进一步增强长三角港口区域竞争力,打造亚太地区重要国际门户和综合性国际枢纽港。

1.2.4 提高现代物流水平,建设港航物流服务体系

为科学构建"三位一体"港航物流服务体系,满足多式联运的现代综合物流运输体系建设是基础,大宗商品交易平台建设是突破口,金融服务大发展是关键。建设大宗商品国际物流中心,形成规模化、集约化、快捷高效、结构优化的现代物流体系,实现多种运输方式协调发展,增强港口物流服务的集聚效应,有利于提高港口物流效率,建设港航物流服务体系。

1.3 研究内容

本书具体研究内容见图1.1。

```
┌─────────────────────┐
│   第一章 导论        │
└─────────────────────┘
          │
          ▼
┌─────────────────────┐
│  第二章 大宗商品     │
│  物流中心相关概念    │
└─────────────────────┘
          │
          ▼
┌─────────────────────┐
│     第三章           │
│  国内外大宗商品      │
│  物流中心建设现状    │
└─────────────────────┘
```

┌──────────────┐   ┌──────────────┐   ┌──────────────┐
│   第四章   │   │   第五章   │   │   第六章   │
│ 浙江省大宗商品 │ ───▶ │ 浙江省大宗商品 │ ───▶ │ 浙江省大宗商品 │
│ 吞吐量时空演变分析 │ │ 物流中心建设定位 │   │ 物流中心建设内容 │
└──────────────┘   └──────────────┘   └──────────────┘

┌─────────────────────┐
│ 第七章 推进政策   │
│ 和措施建议   │
└─────────────────────┘

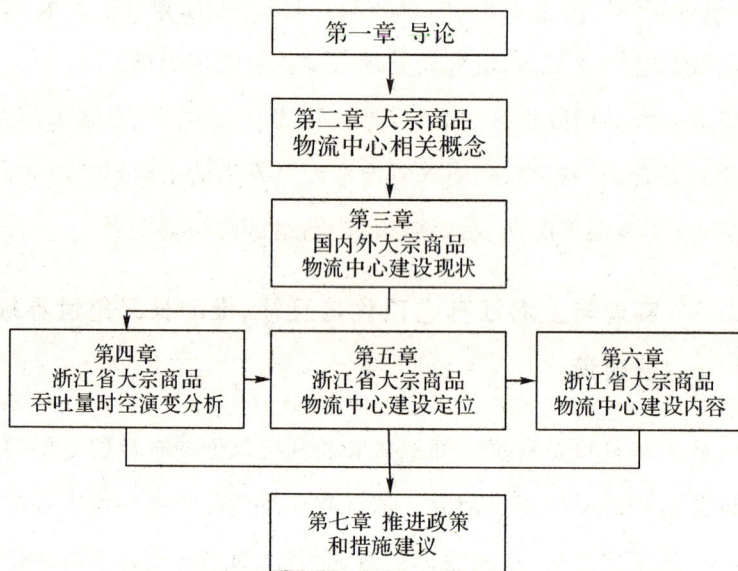

图 1.1　研究结构安排

第一章为导论。该部分主要阐述本书研究的背景、研究的意义以及研究的内容以及结构安排。

第二章为大宗商品物流中心相关概念。主要介绍了港口物流中心、大宗商品物流中心内涵、大宗商品物流中心特点以及大宗商品物流中心类型等。

第三章为国内外大宗商品物流中心建设现状。详细分析鹿特丹港、安特卫普港、新加坡港等国外港口以及上海港、天津港等国内港口物流中心建设现状，并总结了浙江省大宗商品物流中心建设具备的基础条件。

第四章为浙江省港口大宗商品吞吐量时空演变分析。本章研究长三角地区以及浙江省港口体系主要货类吞吐量结构的演变过程，并利用二次指数平滑法预测浙江省沿海港口的货物吞吐量。

第五章为浙江省港口大宗商品物流中心建设定位分析。通过对影响港口物流中心建设主要因素的分析,得到了浙江省沿海港口物流中心建设定位的结论。

第六章为浙江省港口大宗商品物流中心建设内容分析。从港口基础设施建设、集疏运网络规划、大宗商品交易市场、配套服务支撑体系等四个方面来研究浙江省大宗商品物流中心建设的具体内容。

第七章为具体的推进政策和措施建议。本章提出相应的组织结构和政策措施,保障浙江省港口大宗商品物流中心建设的具体实施。

参考文献

[1] 刘亭.指导浙江海洋经济发展的纲领性文件——解读《浙江海洋经济发展示范区规划》[J].今日浙江,2011(5):13-15.

[2] 张善坤.浙江海洋经济发展示范区建设的总体思路与举措[J].浙江经济.2010(12):32-35.

第 2 章

大宗商品物流中心相关概念

2.1　大宗商品内涵

大宗商品是指可进入流通领域，但非零售环节，具有商品属性用于工农业生产与消费使用的大批量买卖的物质商品。而在金融投资市场，大宗商品指同质化、可交易、被广泛作为工业基础原材料的商品，如原油、有色金属、农产品、铁矿石、煤炭等。常见的大宗商品包括农副产品、金属产品以及能源和化工产品。

> ➤ 农副产品，如包括玉米、大豆、小麦、稻谷、燕麦、大麦、黑麦、猪腩、活猪、活牛、小牛、大豆粉、大豆油、可可、咖啡、棉花、羊毛、糖、橙汁、菜籽油等。其中大豆、玉米、小麦、棉花等商品最常见。

> ➤ 金属产品，包括金、银、铜、铝、铅、锌、镍、钯、铂等。

> ➤ 能源和化工产品，如原油、煤炭、取暖用油、无铅普通汽油、丙烷、天然橡胶等。

大宗商品按照货物基本属性分类，可分为散货和件杂货两种，其中散货又分为液体散货和干散货（见表 2.1）。液体散货包括成品油、原油、液态化学品、液化燃气、其他液体货物。干散货包括各种初级产品、原材料，主要有煤炭、金属矿石、粮食等。件杂货则是指单件运输和储存的货物,包括五金、钢材、生铁、机械设备、木材、橡胶、石料等。

表 2.1   大宗商品货物类别

类别	代表性货物
液体散货	成品油、原油、液态化学品、液化燃气
干散货	煤炭、金属矿石、大豆、玉米、小麦、棉花
件杂货	五金、钢材、生铁、机械设备、木材、橡胶、石料

大宗商品是工农业基础性的原材料,因此,反映大宗商品供需状况的市场价格变化会直接影响到整个经济体系。大宗商品往往具有以下特点:一是价格波动大;二是供需量大;三是易于分级和标准化;四是易于储存、运输。

在我国大宗商品的交易方式主要通过期货交易、现货交易以及中远期交易进行。在中国进行期货交易的市场主要有上海期货交易所、大连期货交易所和郑州期货交易所。上海期货交易所上市的品种有铜、铝、锌、天然橡胶、燃料油、黄金等。大连期货交易所上市的品种包括黄豆、豆粕、玉米、豆油、棕榈油、塑料、焦炭等。郑州期货交易所上市的品种包括硬麦、小麦、白糖、棉花、PTA、菜油、甲醇等。

我国比较知名的现货交易或中远期交易市场包括渤海商品交易所、寿光蔬菜交易所、浙江舟山大宗商品交易所等,见表 2.2,交易品种涵盖了钢材、有色金属、农产品、石油化工、橡胶塑料、煤炭、白糖等主要大宗产品及丝绸、花生、大蒜、苹果、酒水、大豆、小麦等几百个品种。

表 2.2　我国知名的大宗商品交易市场

序号	成立年份	大宗商品交易市场
1	1996	兰格钢铁电子交易市场
2	1997	上海大宗农产品电子交易中心
3	2004	金银岛网交所
4	2004	上海大宗钢铁电子交易中心
5	2004	浙江余姚塑料城网上交易市场
6	2004	广西大宗食糖交易中心
7	2005	山东寿光电子交易市场
8	2005	广州华南金属材料交易中心
9	2006	陕西大宗煤炭交易市场
10	2006	上海石油交易所
11	2006	大连北方粮食交易市场
12	2006	无锡不锈钢交易市场
13	2007	山东栖霞苹果电子交易市场
14	2007	宁波大宗商品电子交易中心
15	2008	绍兴市中国轻纺城网上交易市场
16	2008	西南煤炭交易中心
17	2008	中国木材电子交易市场
18	2008	天津稀有金属交易市场
19	2008	绍兴市中国轻纺城网上交易市场
20	2008	广州化工交易中心
21	2009	天津渤海交易所(2009 年 9 月)
22	2009	青岛国际商品交易所
23	2009	日照国家铁矿石交易中心(2009 年 4 月)
24	2011	浙江舟山大宗商品交易所

2.2 港口物流中心

物流中心(Logistics Hub),是随着经济社会生产的发展和分工的细化而产生的。按照《中华人民共和国物流术语标准》的定义,物流中心是从事物流活动的场所或组织,符合下列要求:主要面向社会服务,物流功能健全,完善的信息网络,辐射范围大,少品种、大批量,存储吞吐能力强,物流业务统一经营管理。物流中心是现代物流网络中的流通节点,是综合性、大批量的物资集中地,它集商流、物流、信息流和资金流为一体,成为商品供应链网络的重要环节。

而港口物流中心是物流中心的一种,毗邻港口码头、主要依托水路运输方式的物流中心。港口物流中心具备大量物流设施,物流活动相对集中,能够为国际、国内贸易提供专业化、系列化的较为完善、配套的物流服务,并在国际贸易和国际物流中处于比较重要的地位。

港口物流中心按物流中心服务的范围分,可以分为

(1)国际性的港口物流中心

以国家主要集装箱干线港为依托,连接国内和国际物流网络,以外贸集装箱为核心,规模大、辐射范围广、现代化水平高的综合物流中心。国际性港口物流中心的条件是集装箱运输所占的比例大、腹地经济和对外贸易的发展潜力也较大、港口城市所具备的物流专业人才等基础条件突出。

(2)区域性的港口物流中心

它是以沿海主枢纽港为依托,以区域物流为中心,具有一定规模、服务一定区域的综合性物流中心。受运输规模、腹地范围、集疏运条件的影响,区域性港口物流中心是为特定区域的经济与贸易发展服务的物流中心,起到了弥补国际性港口物流中心不足的作用。

（3）地方性港口物流中心

以中小型港口为依托，以外贸件杂货和内贸集装箱货物为基础，联系地方和全国的物流网络，规模较小，覆盖范围有限的中小型物流中心。

（4）专业化的港口物流中心

除国际集装箱外，港口也是能源和原材料运输的重要枢纽，并且逐步形成了煤炭、石油、铁矿石、粮食、钢材等专业化的港口运输网络。根据这些大宗物资运输需求的不断发展，港口在现有的生产和运输格局中的重要地位，整个运输网络的发展要求，建设一批以某些大宗物资为主要服务对象，具有特色的专业化的港口物流中心。

在物流中心的功能、信息系统的建设、物流设施设备的配置、顾客服务管理等方面，港口物流中心与一般物流中心类似，但由于港口物流中心依托于大型的港口码头，这就决定了其与一般物流中心有很大区别，主要表现在：

（1）选址时需要考虑的因素不同。港口物流中心既要考虑城市发展和区域经济发展的需要，还要考虑交通路网规划的要求，必须依托码头货运站，选址的范围受到很大的限制。一般物流中心在选址时要考虑能否满足城市总体布局的要求，与物流中心的功能和服务范围半径有很大关系，选址有较大的灵活性。

（2）依托的运输方式不同。港口物流中心依托水路运输实现货物的中长途运输，同时利用多式联运方式，提供货物的门到门运输服务和配送服务；而一般物流中心大多依靠公路运输方式。

（3）核心业务不同。港口物流中心一般都把运输作为其核心业务之一，同时开展其他的港口物流增值业务。一般物流中心由于受到所处经济环境的影响，其核心功能也不同，多数物流中心以仓储或配送业务为核心。

（4）服务范围的不同。一般物流中心的服务范围仅限于较小范围的区域,或服务于某些特定的企业;港口物流中心由于服务群体的多样性和水路运输的优势,其服务范围可以是全国各地,甚至是世界各地,服务对象范围广。

(5)货物的所有权不同。通常,一般物流中心的货物所有权归物流中心所有,物流中心在保证货物品质的基础上为顾客提供分拣、包装与配送等物流服务。而港口物流中心由于水路承运的特性,货物的所有权归顾客,配送时要求原物配送,顾客不会同意货物的变更。

表 2.3　港口物流中心与一般物流中心比较

	港口物流中心	一般物流中心
选址因素	考虑交通路网规划的要求,必须依托码头货运站,选址的范围受到很大的限制	考虑物流中心的功能和服务范围半径,选址有较大的灵活性
运输方式	依托水路运输,同时利用多式联运	大多依靠公路运输方式
核心业务	运输以及其他港口物流增值服务	以仓储或配送业务为主
服务范围	全国各地,甚至是世界各地,服务对象范围广	限于较小范围,或服务于某些特定的企业
货物所有权	属于顾客	属于物流中心

2.3　大宗商品物流中心的类型

本研究中大宗商品物流中心是港口物流中心的一种,是指港口利用自己拥有的码头、场地、设施设备、运输网络等,为对于上述各散杂货货种有物流需求的工商类企业,提供专门针对散杂货物设计的运输、仓储、包装、装卸、物流信息处理等物流服务以及相配套的金融与信息服务。大宗商品物流中心在长期的发展中形成了液体散货物流中心、干散货物流中心、件杂货物流中心以及混合型杂货物流中心等四种类型。

2.3.1 液体散货物流中心

液体散货物流中心主要从事液体散货的装卸与中转业务,此类物流中心码头通常采用管道运输方式实现液体散货的装卸。因此,液体散货物流中心通过码头现有的管道、运输设备、存储场站、装卸设施为液体散货货主提供液体散货的装卸、仓储、运输、配送、物流信息处理等物流服务。液体散货业务操作流程方便、快捷,但须做好日常的管道维护。

2.3.2 干散货物流中心

干散货物流中心从事的是大宗干散货的装卸与中转业务,包括煤炭、金属矿石、粮食等大宗商品。为了适应干散货船舶的大型化的趋势和干散杂货码头物流复杂、系统的特点,各大港口的散杂货码头不断提升港口等级,例如舟山港区的矿码头、焦炭码头和散粮码头等。

2.3.3 件杂货物流中心

件杂货码头主要从事的是件货或者杂货,是可以以件计量货物的装卸与中转业务,包括钢材及钢材制品、铁及铁制品、设备等杂货,而件杂货码头物流的主要任务就是为这些货物提供运输、仓储、装卸、配送、流通加工等物流服务。以长大五金为例,货物本身的特性使其很难实现装箱作业,这就对其装卸、运输活动提出了有别于其他货种的要求,而件杂货物流中心能满足这些要求。

2.3.4 混合型杂货物流中心

受货源、航运市场等因素的影响,港口在杂货物流中心的建设中会考虑建设混合型的杂货码头,而这些码头所对应的物流模式也就被成为混合型杂货物流模式,该类物流服务的对象以件杂货为主、干散货为辅,是杂货码头应对集装箱码头业务冲击的有效经营方式。

2.4 大宗商品物流中心的特点

大宗商品主要包括散杂货两类,大宗商品物流中心可以分为散货物流中心与件杂货物流中心。散杂货运输是最早的海运方式,在发展过程中有其自身的特点。散杂货的物流业务有复杂性的特点。首先,所处理的货物绝大多数是散货和杂货,货物品种繁多;其次,货物要么没有包装要么包装形式多种多样;另外,货物的装卸作业流程程序复杂多变。

2.4.1 散货物流中心的特点

1. 码头深水化与大型化

由于国际市场对散杂货需求量的不断上升,各大船公司对散货船的投资总体上保持着增长势头。为了适应散杂货船的发展趋势,世界上的各大港口也都加紧了对航道的建设和码头泊位等级的提升,增强装卸大型散杂货船舶的能力。

2. 装卸工艺简单

对于散货码头液体散货和干散货的接卸,液体散货的装卸可以采用管道运输的方式,而对于干散货的装卸则可以通过专属工具操作即可。整个装卸工艺流程相对比较简单。

3. 装卸效率高

近年来,一些港口在加快对散杂货码头的建设步伐,纷纷投资建设专业化的散杂货码头。专业化的散杂货码头一般都配备了专门化、自动化、高效率化的装卸搬运机械,最终使装卸效率得到了提升。

2.4.2　件杂货物流中心的特点

1. 装卸工艺复杂

件杂货的装卸难度较大,主要是由于件杂货的种类繁多,普通件杂货和长大五金件杂货在工属具的配备上、装卸工艺上存在着明显的差异,而且在普通件杂货中不同的货种装卸工艺各不相同。

2. 装卸效率不高

件杂货装卸效率不高,主要存在的问题是在工属具的配备上,若使用通用工属,所耗费的人工劳动量较大;而使用专用工属具,专用工属具使用安全方便、省力省时,但专用工属具的利用率较低。两工属具的交叉使用就会造成辅助作业时间的延长。

3. 堆场利用率不高

件杂货码头对现有堆场的利用方法主要是依靠船舶停靠的位置或货物到港的顺序进行装卸的,对后方堆场的使用未进行适当的、有效的划分。而且由于件杂货的批量少、分票多,货物的物理性质与化学性质的不同,轻泡货物与重货承载能力的不同及包装特性等原因,不能进行全高作业,从而降低了堆场利用效率。

2.5　大宗商品物流中心建设内涵

科学合理的大宗商品物流中心是大宗商品交易赖以实现的重要基础

和有力支撑,并且对区域经济发展起着引导和汇聚的作用。大宗商品交易具有交易数量大、交易金额大、标准化等特点,而大宗商品物流中心建设内容主要包括港口基础设施、集疏运网络、大宗商品交易市场以及配套服务支持体系等(图 2.1)。

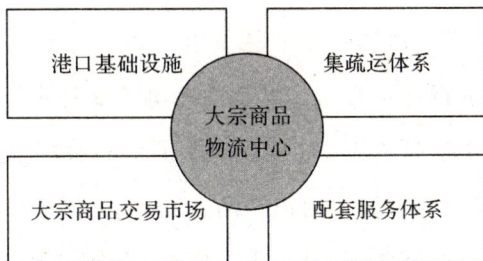

图 2.1　大宗商品物流中心建设内容

2.5.1　港口基础设施

港口是大宗商品物流中心的重要支撑,是大宗货物运输网络的重要节点。港口具有水陆联运的设备和条件,是供船舶安全进出与停泊的运输枢纽、水陆交通的集结点和枢纽,是产品和贸易的集散地之一,是联系内陆腹地和海洋运输的天然界面。港口基础设施主要包括:码头、防波堤、防沙堤、栈桥、驳岸、护岸、锚地、浮标等设施;港池、航道;港内仓储设备、围墙、桥梁、道路、铁路及港内外装卸运输服务的水、电设施等。

2.5.2　集疏运网络

大宗商品集疏运网络主要由以下几种运输方式构成:水路运输、公路运输、铁路运输和管道运输,航空运输方式作为补充、使用较少。各种不同运输方式的技术经济特征互不相同。大宗商品的交易加大了对水陆联动的运输网络的依赖程度,加大了对建设层次分明、布局优化、结构合理、功能完善的基础设施网络,并促使各种运输方式之间、海洋与大陆之间、港口与港口之间、省际与区域之间有机衔接的立体网络的要求。

2.5.3 大宗商品交易市场

大宗商品电子交易市场指专业从事电子买卖、交易、套保的大宗类商品批发市场,主要进行现货交易。大宗商品电子交易市场的服务主要分为两大类:一是只提供信息资讯,但不直接提供交易服务以及与交易相关的仓储物流和结算服务等。如我的钢铁网、中国化工网等。二是提供在线交易服务的网站,一般提供撮合交易、质量检查、资金结算、货物的仓储物流、相关的信息资讯等服务。此外,还提供融资服务和一些增值的其他特色服务等。

2.5.4 配套服务支持体系

现代港口物流服务的综合性特征日益显著,除了传统的运输、装卸、堆存、理货、报关及船货代理等服务外,还涉及仓储分拨、流通加工、信息服务等多种新的经营领域,这些综合性的港口物流服务需要良好的港口配套服务体系。港口配套服务体系是大宗商品物流中心建设和发展的支持要素,主要包括金融、信息以及物流等方面的配套服务。

参考文献

[1] 王健.现代物流概念的比较研究[J].发展研究.2005,1:2-3.

[2] 温耀庆.论我国口岸物流与港口物流中心建设[J].对外经济贸易大学学报.2004(5):15-18.

[3] 程娟.基于闽台直航的福建省港口物流中心建设[D].福建师范大学硕士论文,2008.

[4] 霍婷婷.天津汇盛码头物流发展模式研究[D].大连海事大学硕士学位论文,2012.

第 3 章

国内外大宗商品物流中心建设现状

随着经济全球化、市场国际化进程的推进,大宗商品的交易量正不断增长,而物流是大宗商品交易中不可或缺的重要一环。因此,建立高效、成本低廉的大宗商品物流体系已成为世界上各大宗商品进出口大国,特别是作为大宗商品集散和交易中心的港口城市所面临的共同问题。浙江位于我国 T 型经济带核心位置,在全国沿海大宗商品物流储运体系中具有重要地位。研究国内外主要港口城市大宗商品物流中心发展现状对加快浙江港口大宗商品物流中心的建设有一定的借鉴意义。

3.1 国外大宗商品物流中心建设现状

3.1.1 国外典型的大宗商品物流中心

1. 鹿特丹港

鹿特丹港有"欧洲门户"之称,是荷兰和欧盟的货物集散中心,多年来曾一直是世界第一大港口,也是世界上最早发展起来的港口之一。鹿特丹港是欧洲最重要的石油、化工产品、集装箱、矿石的集散中心。各种物流的交汇使鹿特丹港成为特色化海港的集合体,通过一些保税仓库和货物配送中心进行储运和再加工,提高货物的附加值,然后通过公路、铁路、河道、空运、海运等多种运输路线将货物送到荷兰和欧洲的目的地。

鹿特丹港物流中心建设有以下特点:

(1)优越的自然条件与地理位置

鹿特丹港位于莱茵河下游40公里范围内,码头岸线长超过40公里,航道自然水深15～22米,为发展深水码头提供了极佳的条件。

鹿特丹以莱茵河流域广大地区为经济腹地,莱茵河流经的瑞士、德国、荷兰三国为世界最发达地区之一,以其为主体的西欧的主要货物、欧盟80%的外贸货、莱茵河3/4的转运量都经过鹿特丹港进出。

(2)完善的港口基础设施

鹿特丹港对各种货场都进行了大额投资,港池、泊位等基础设施都得到不断改造,使之达到专业化港口的水平。鹿特丹港拥有较大规模性的堆场、储油罐和各类仓库。例如,矿煤堆存能力650万吨,储量为3000万吨原油和石油产品的储存中心。

鹿特丹港广泛应用EDI技术,整个港区通过先进的港口信息系统进行指挥监控,作业自动化程度很高。

(3)发达的集疏运系统

鹿特丹港最主要的运输方式是水路、铁路和管道,降低了对公路运输的依赖。鹿特丹港以新航道为主轴,港池多采用挖入式,雁列于主航道两侧,按功能分设干散货、集装箱、滚装船、液货及原油等专用和多用码头,实行"保税仓库区"制度。

除了水路运输外,港区拥有长400公里的铁路专用线,占全国铁路的14%,开通了通往捷克、波兰、匈牙利、斯洛伐克的集装箱专列,另外还有6条通向阿姆斯特丹、安特卫普和德国的鲁尔区的成品油管线,构成由港口铁路、公路、内河、管道与城市交通系统及机场连接的集疏运系统。

（4）规划科学的临港工业园区和物流园区

鹿特丹市炼油、化工、造船等工业主要是依托鹿特丹港发展起来的，主要分布于新水道沿岸，拥有一条以炼油、石油化工、船舶修造、港口机械、食品等工业为主的临海沿河工业带。吸引了壳牌、伊斯特曼、联合利华等著名跨国公司集中到港区内。

鹿特丹港原有 Eemhaven 物流园区和 Botlek 物流园区，面积分别为 50 万和 87 万平方米。后因港区业务扩展需要，又在入海口处建立了 Msasvlakte 物流园区，面积达 125 万平方米。这些物流园区被战略性地设立在离货物码头和联运设施很近的地方，其主要功能有拆装箱、仓储、再包装、组装、贴标、分拣、测试、报关、集装箱堆存修理以及向欧洲各收货点配送等，发挥港口物流功能，提供一体化服务。

（5）自由、宽松的政策环境

鹿特丹作为重要的国际贸易中心和工业基地，在港区内实行"比自由港还自由"的政策。全市有 500 多个保税仓库，可供转口或待售货物在交纳进口税之前寄存，只收仓储费。市政当局宣称，除毒品与军火外，各种商品皆可自由进出，并可在港口暂存、转口、寄售、加工、包装、销售

2. 安特卫普港

安特卫普是比利时的最大海港，也是著名的亿吨大港之一。安特卫普港是比利时、荷兰、卢森堡、德国和法国的主要进出的门户，港口的地理位置接近欧洲主要生产和消费中心，吞吐量的一半为转口贸易，是欧洲汽车、纸张、新鲜水果等产品的分拨中心。安特卫普港物流中心建设有以下特点：

（1）完善的集疏运网络

安特卫普港拥有的不同联运方式为本港通往欧洲海运目的地及内陆腹地提供了最佳的联系：

陆路交通——从安特卫普出发有直通邻近国家的高速公路。与欧洲的其他大港口相比,安特卫普港因地处内陆,交通便利,离重要的制造业中心和消费中心最近。

内河航运——斯海尔德河—莱茵河运河以及阿尔伯特运河联系着本港与内陆腹地。比利时、荷兰、法国和德国的众多内河码头与安特卫普港之间有着周期性的班轮服务。在过去的十几年里内河航运发展迅速,在短途运输方面,内河航运已与公路运输旗鼓相当。

管道运输——安特卫普港拥有长达300公里的管道系统,是欧洲管道网络的枢纽。

近海运输——在近海和支线航运方面安特卫普也愿成为欧洲其他沿海港口颇有价值的合作伙伴。

(2)完善的基础设施

安特卫普港拥有良好的港口基础设施,备有专用设备和各式仓库,建有炼油、化工、石化、汽车装备和船舶修理等工业开发区。

安特卫普港具有领先于欧洲其他港口的货物装卸作业效率,拥有现代化的EDI信息控制与电子数据交换系统。包括信息控制系统(APICS)和电子数据交换系统(SEAGHA)。

此外,安特卫普港通过有效圈地和扩建计划,不仅已经满足目前货物装卸单位的需求,而且也为避免将来出现用地紧张提供了保障。

(3)良好的临港工业基础

安特卫普港以港区工业高度集中而著称,是比利时第二大工业中心,主要工业有炼油、化学、汽车、钢铁、有色冶炼、机械、造船等。安特卫普港目前已建成欧洲最大的化工集群。

3. 新加坡港

新加坡港位于新加坡岛南部沿海,西临马六甲海峡东南侧,南临新加坡海峡北侧,扼太平洋及印度洋之间的航运要道,战略地位十分重要。优越的地理位置是新加坡港迅速发展的基础。新加坡政府推行稳定的重商政策;并且新加坡拥有高素质的人力资源、良好的交通基础设施、高效率的全球通信网络;此外,新加坡又是国际重要的商业和金融中心。这些为新加坡港口物流的发展创造了优越条件。

新加坡港物流中心建设与发展主要有以下特点:

(1)政府的合理引导与支持

新加坡政府对港口的投资力度较大,使港口规划和建设始终处于世界前列,保证了新加坡港在国际航运市场中的优势地位。此外,新加坡港执行自由港政策,并采取各种优惠措施,如开辟大面积的保税区,对中转货物提供减免仓储费、装卸搬运费和货物管理费等服务,以吸引世界各航运公司,从而巩固其国际航运中心地位。

(2)现代化的物流运作与管理

新加坡港充分利用先进信息技术进行物流运作和管理。新加坡港的港口物流基本实现了整个运作过程的自动化,两个网络系统——贸易网(Tradenet)和海港网(Portnet)已成为政府部门、航运公司、货运代理和船东之间有效的、无纸化的沟通渠道,使各项信息准确、实时地到达有关各方,从而大大地提高物流运转效率并优化物流管理。

(3)专业化的物流服务

新加坡境内的物流公司专业化、社会化程度高,可以为某一行业的企业提供全方位的物流服务,也可以为各行业的客户提供某一环节的物流服务。物流企业以满足客户需要为出发点和最终归宿点,由物流公司和客户共同研究选择出一种或几种最理想的服务方式,最终找出能最大限度为客户提供低成本服务的解决方案。同时港口附近的物流园区可为客户提供增值性服务,拓展了港口功能。

3.1.2 国外大宗商品物流中心特点

通过对鹿特丹港、安特卫普港和新加坡港等三个港口物流中心建设与发展的分析,可以总结出国外大宗商品物流中心具有以下几个特点:

1. 发达的集疏运网络

凭借着优越的地理位置,通过对港口基础设施的建设,不断完善铁路、公路、管道等多种运输路线,形成四通八达的集疏运网络,使其到港货物可以快速、高效地达到周边各个地区。

2. 良好的临港工业基础

依托繁荣的内陆和海陆经济腹地,发展炼油、石油化工、船舶修造、港口机械、食品等具有港口特色的产业。通过建立临港工业区,吸引国际著名的企业设立生产基地,改变了港口原有的单一运输功能,使其发展为先进的工业基地,促进了其港口贸易和经济的发展,同时,对港口的物流功能提出了更高要求。

3. 信息化的港口物流

随着互联网技术的发展,港口信息建设也朝向网络化发展。各港口运用新型的网络技术,增加港口信息存量、加快港口信息流动,扩展信息应用的范围,促进港口相关部门工作协同化,大大提高了港口作业效率。

4. 合理规划的港口物流园区

中转中心、仓储中心、配送中心等规划完备的物流园区是国际制造业和零售业企业的聚集地,通过国际中转、国际配送、国际采购、国际金融等活动的展开,促进了临港产业、增值服务的发展,强化了港区之间的物流聚集效应,从而充分发挥港口物流的功能。

5. 优惠的政府政策

政府对自由港、保税区、临港工业实施海关、税收等方面的优惠政策,吸引世界各地的船只、货物靠港,国际知名企业到港设立物流中心,极大地带动了国际贸易、临港工业、港口物流的发展,为国际物流中心的建立创造有利环境。

3.1.3 国外大宗商品物流中心建设经验

随着国际贸易的发展,国际货物海运量迅速增长,港口有向现代化方向发展的需求。而且在先进科学技术与现代物流管理理念推动下,传统港口将成为货物转运、聚集、增值、拼装和配送的物流中心。在这种形势下,浙江省大宗商品物流中心建设应立足实际,抓住机遇,从各方面提升浙江省大宗商品物流的核心竞争能力:

1. 加强基础设施建设

首先,整合港口现有的条件,对港口的配套设施进行技术改造,完善港区内集疏运设施,合理安排作业流程,提高设备利用率,增强港口通过能力,缩短船舶货物在港停留时间;其次,加强包括专业化码头数量、装卸能力、码头堆场、航道水深等在内的港口基础设施建设,为物流服务供应商提供大型现代化仓库,为客户创造"零仓储"。

2. 打造物流网络信息平台

利用条码技术、数据库技术、电子订货系统(EOS)、电子数据交换(EDI)、快速反应(QR)及有效的客户反馈(ECR)、资源管理系统(ERP)等信息管理技术,建立覆盖港区生产流通和仓储运输企业的网络平台,实现各企业、客户和有关管理机构的信息充分互联,形成港口与港口、港口与海关、港口与货主、港口与承运商连接的有机整体。

3. 拓宽港口增值物流服务

港口大宗商品物流服务分为三个层次:一是以大宗商品装卸为主的核

心服务;二是在特定的货场完成货物装卸、运输、堆码、储存的辅助服务;三是向货主提供优质、便捷的货物交接的延伸服务。浙江省有条件的港口须通过提供多元化服务来挖掘"第三利润源泉",开发包装、流通加工储运、配送、免税自由贸易等物流功能,提供融资、报关、商检、货物保险、风险规避、信息交流、专业人员培训等增值服务,提高综合物流效率。

4. 发展港区联动的模式

在港区内或邻近地区规划物流园区,投资建设各类库场和配套设施,完善船代、货代,为货主提供方便快捷的物流服务。港区联动是国际上自由贸易区的通行模式,也是我国主要港口加快发展的必由之路。充分发挥保税区的政策优势和港口的区位优势,形成"前港后区"格局,实现港口经济与自由贸易区或保税区彼此依存、紧密配合、互相促进,形成息息相关的利益共同体,紧密联系区域经济。

5. 加强专业人才培养

我国十分缺乏港口物流方面的专业经营管理人才,这种状况不利于我国发展港口综合物流服务产业。因此,浙江省必须采用多种途径培养、引进具有良好国际货物和货运知识,掌握现代物流经营管理技术方法的专业人才,加快浙江省港口物流中心的建设。

3.2 国内大宗商品物流中心建设现状

我国经济平稳的发展,对煤炭、石油、铁矿石、钢材等能源原材料物资需求旺盛,使得市场上煤炭、石油、铁矿石、钢材这类能源原材料物资的运量较大。中国经济结构特点和工业化进程决定了沿海港口运输在今后一段时期内还将保持较高的货物吞吐量。除集装箱吞吐量快速增长外,散货运输在港口运输中占有很大的比重,并具有重要的意义。煤炭运输已经成为我国经济发展的重要支撑,原油成为我国重要的战略物资,外贸进口铁矿石是我国钢铁工业发展的重要条件。沿海港口散货运输与经济发展密切相关。

3.2.1 国内沿海港口群大宗商品物流体系

2006 年 9 月交通部出台的全国沿海港口布局规划,根据不同地区的经济发展状况及特点、区域内港口现状及港口间运输关系和主要货类运输的经济合理性,将全国沿海港口划分为环渤海、长江三角洲、东南沿海、珠江三角洲和西南沿海 5 个港口群体,强化群体内综合性、大型港口的主体作用,形成煤炭、石油、铁矿石、集装箱、粮食、商品汽车、陆岛滚装和旅客运输等 8 个运输系统的布局,涵盖了我国主要的沿海和内河港口,构成了整个大宗商品物流体系的基础部分。表 3.1 说明了五大港口群大宗商品物流体系布局发展概况。

1. 环渤海地区港口群

环渤海港口群由辽宁、河北、天津和山东沿海港口群组成,以大连、营口、秦皇岛、天津、烟台、青岛、日照为主要港口,服务于我国北方沿海和内陆地区的社会经济发展。

其中辽宁沿海港口以大连、营口港为主布局大型、专业化的石油(特别是原油及其储备)、液化天然气、铁矿石和粮食等大宗散货的中转储运设施,相应布局锦州等港口。

津冀沿海港口以秦皇岛、天津、黄骅、唐山等港口为主布局专业化煤炭装船港;以秦皇岛、天津、唐山等港口为主布局大型、专业化的石油(特别是原油及其储备)、天然气、铁矿石和粮食等大宗散货的中转储运设施。

山东沿海以青岛、日照港为主布局专业化煤炭装船港，相应布局烟台等港口；以青岛、日照、烟台港为主布局大型、专业化的石油（特别是原油及其储备）、天然气、铁矿石和粮食等大宗散货的中转储运设施，相应布局威海等港口。

2. 长三角地区港口群

长三角港口群依托上海国际航运中心，以上海、宁波、连云港港为主，充分发挥舟山、温州、南京、镇江、南通、苏州等沿海和长江下游港口的作用，服务于长江三角洲以及长江沿线地区的经济社会发展。

其中，进口石油、天然气接卸中转储运系统以上海、南通、宁波、舟山港为主，相应布局南京等港口；进口铁矿石中转运输系统以宁波、舟山、连云港港为主，相应布局上海、苏州、南通、镇江、南京等港口；煤炭接卸及转运系统以连云港为主布局煤炭装船港和由该地区公用码头、能源等企业自用码头共同组成；粮食中转储运系统以上海、南通、连云港、舟山和嘉兴等港口组成。

3. 东南沿海地区港口群

东南沿海港口群以厦门、福州港为主，包括泉州、莆田、漳州等港口组成，服务于福建省和江西等内陆省份部分地区的经济社会发展和对台"三通"的需要。

其中，福建沿海地区港口群煤炭专业化接卸设施布局，以服务于沿海大型电厂建设为主；进口石油、天然气接卸储运系统以泉州港为主；粮食中转储运设施布局由福州、厦门和莆田等港口组成。

4. 珠三角地区港口群

珠三角港口群由粤东和珠江三角洲地区港口组成。以广州、深圳、珠海、汕头港为主，相应发展汕尾、惠州、虎门、茂名、阳江等港口，服务于华南、西南部分地区。

该地区煤炭接卸及转运系统由广州等港口的公用码头和电力企业自用码头共同组成；进口石油、天然气接卸中转储运系统由广州、深圳、珠海、惠州、茂名、虎门港等港口组成；进口铁矿石中转运输系统以广州、珠海港为主；以广州、深圳港等其他港口，组成粮食中转储运系统。

5. 西南沿海地区港口群

西南沿海港口群由粤西、广西沿海和海南省的港口组成。该地区港口的布局以湛江、防城、海口港为主，相应发展北海、钦州、洋浦、八所、三亚等港口，服务于西部地区开发，为海南省扩大与岛外的物资交流提供运输保障。

该地区进口石油、天然气中转储运系统由湛江、海口、洋浦、广西沿海等港口组成；进出口矿石中转运输系统由湛江、防城和八所等港口组成；由湛江、防城等港口组成的粮食中转储运系统。

五大港口群及其所组成的港口如表 3.1 所示。

表 3.1　五大港口群及其组成的港口

港口群	主要港口	包括的港口
环渤海港口群	青岛港 天津港 大连港	大连港、营口港、秦皇岛港、天津港、烟台港、青岛港、日照港、唐山港、威海港、黄骅港、锦州港等
长三角港口群	上海港 宁波—舟山港 连云港	上海港、宁波—舟山港、南京港、镇江港、南通港、连云港、张家港、温州港等
东南沿海港口群	厦门港 福州港	厦门港、福州港、泉州港、莆田港、漳州港等

港口群	主要港口	包括的港口
珠三角港口群	广州港、深圳港、珠海港、汕头港	汕尾港、惠州港、虎门港、茂名港、阳江港、广州港、深圳港、珠海港、惠州港等
西南沿海港口群	湛江港、防城港、海口港	北海港、钦州港、洋浦港、八所港、三亚港、湛江港、防城港、海口港等

3.2.2 国内典型的大宗商品物流中心

1. 上海港

上海港位于长江三角洲东部,扼长江的出海口,地处长江东西运输通道与海上南北运输通道的交汇点,是我国海运、河运的重要枢纽。上海港交通发达,集疏运条件良好,与多条铁路干线、铁路专用线、高速公路、国内其他公路主干道相连。上海港经济腹地广阔,通过铁路干线及沿长江运输网可以辐射到整个长江流域,一直是长江流域各省通往国外的主要出海口,是中国大陆沿海最大的港口。同时,上海港拥有遍布全球国际直达的美洲、欧洲、澳洲、非洲以及东北亚、东南亚等地的班轮航线 300 多条[①],海上腹地广阔,是我国重要的外贸港口和国内外货物的主要集散地。其主营业务包括港口集装箱、大宗散货和杂货的装卸生产,以及与港口生产有关的引航、船舶拖带、理货、驳运、仓储等港口服务以及港口物流业务。

上海港国际物流中心建设具有以下几个特点:

(1)完善的港口物流设施

为解决上海港长期发展中的水深不足和集装箱吞吐能力缺口的问题,上海于 2002 年动工建设洋山深水港。洋山深水港一期工程 5 个泊位于

---

① 上海港 http://www.portshanghai.com.cn/jtwbs/webpages/about_jj_zj.jsp

2005 年年底建成,并于 2005 年 12 月 10 日正式开港。2006 年底,二期工程 4 个泊位建成。2008 年 12 月底,三期工程 7 个泊位建成,洋山深水港北港区主体工程全面建成投产。

(2)完善的集疏运网络

集疏运网络的完善包括航运设施的完善,也包括陆运、空运等设施的完善。高速公路通车里程达 775 公里,内河水运航道里程达 2110 公里;已有越江隧道 12 条,越江大桥 10 座;空运方面,已建成 4 座航站楼,5 条跑道,两大机场共完成货邮吞吐量 372 万吨,货运量占全国机场货邮吞吐量三分之一,国际货运量约占三分之二。

(3)专业的航运金融服务

2010 年,交通银行等金融机构相继成立专门的航运金融部门,太保、人保成立航运保险运营中心已获批。上海地区船舶险和货运险总量也已达到 21.94 亿元,相当于国内其他五大主要港口业务量总和。

(4)政府的政策优惠

为了重点扶持高端航运服务企业、大型航运先进制造与维修企业、高成长性航运企业以及国内外知名功能性航运机构等。按一定标准,对不同企业分别实行企业所得税、营业税、增值税等主要税种“三免三减半”政策和“两免三减半”政策,以及其他不同程度的财政补贴。

(5)合理规划的物流园区

上海规划有四个物流园区,包括浦东空港、外高桥保税物流园区、西北物流园区、洋山深水港物流园区。其中,外高桥保税物流园区主要依托外高桥港区和保税区,开展以国际贸易、保税仓储和集拼分拆、国际中转为主的业务,发挥其区港联动的功能。洋山深水港物流园区则依托洋山深水港,借助保税港区“三区合一”的政策,打造以增值物流业务为核心的综合物流园区。通过开展单机单船融资租赁、期货保税交割、免征物流运输营业税等业务,增强了园区的聚集能力,吸引了众多跨国企业来园区落户,纷纷建立分拨中心、物流运营中心等,从而极大地推动了物流业的发展。

2. 天津港

天津港地处渤海湾西端,位于海河下游及其入海口处,是首都北京的海上门户、我国北方重要的对外贸易口岸,是连接东北亚与中西亚的纽带。天津港是在淤泥浅滩上挖海建港、吹填造陆建成的世界等级最高的人工深水港,也是中国北方最大的集装箱、件杂货与散货并重,货物门类齐全的综合性国际贸易大港,是华北、西北地区的出海口和最主要的外贸口岸。

天津港国际物流中心建设具有以下一些特点:

(1)良好的港口基础设施

2012 年,天津港口拥有各类泊位 159 个,其中万吨级泊位 102 个,泊位岸线长度 33978 米,年通过能力 3.81 亿吨,其中集装箱年通过能力 1065 万 TEU。目前已建成 3 条航道,包括新港主航道,通航能力 25 万吨级;拥有 30 万吨级原油码头等重要设施。目前在 25 万吨级航道基础上,投资建设 30 万吨级航道一期,建成后可满足 30 万吨级油船和散货船进出港通航需要。

(2)立体的港口集疏运体系

目前,海运方面天津港已和世界上的 180 多个国家和地区的 600 多个港口建立了贸易关系,每月集装箱航班 400 余班,航线遍及韩国、日本、东南亚、中东、地中海、欧洲、美国及加拿大等国家和地区。陆运方面天津港地处渤海湾的中心,可以通过铁路、公路、管道运输等方式将北京、天津与华北、西北等内陆省份联系起来。空运方面滨海国际机场,作为我国四大航空机场之一,其运输能力的提升,也促进了天津港集疏运能力的提高。

(3)港口综合保税港区

2006 年 8 月,设立天津东疆保税港区,集港口功能、出口加工、进口保税、出口退税功能于一体,享受国家赋予保税枢纽港及自由贸易区的所有优惠政策,重点发展国际中转、国际配送、国际采购、国际转口贸易和出口加工等业务。2011 年 12 月,东疆保税港区实施综合配套改革,明确其向融资租赁业集聚地,东北亚物流、分拨中心,以及自由贸易港区的发展目标。

3. 秦皇岛港

秦皇岛港是中国内贸煤炭运输大通道的最重要枢纽港,在中国煤炭运输体系中具有举足轻重的地位。秦皇岛港也是全球最大的煤炭港,占 2012 年中国沿海主要港口煤炭下水总量约 31.9%[①]。秦皇岛港主要将内陆山西、陕西、内蒙古、宁夏、河北等地的煤炭输往华东、华南等地及美洲、欧洲、亚洲等国家和地区,年输出煤炭占全国煤炭输出总量的 50% 以上,具备年装卸煤炭亿吨的生产能力。

秦皇岛港国际物流中心建设具有以下一些特点:

(1)优越的地理条件

中国的煤炭资源主要蕴藏于内蒙古、山西及陕西等西北地区,而国内煤炭消费需求主要来自中国东南沿海发达地区。西北地区生产的煤炭首先经铁路"西煤东运",从产地运至东部沿海港口,然后经海运"北煤南运",到达南方地区。大秦线是"西煤东运"运输大通道中最重要的铁路线。秦皇岛港位于大秦线东端,铁路线直达港口,占据战略性地理位置,是大秦线运输煤炭的主要中转港。此外,秦皇岛港的港口自然和地理条件优越,为天然深水良港,不冻不淤,并在陆上与多条国道相连。

(2)一体化综合服务

提供一体化的综合码头服务,有效地满足客户的各种运输需求。通过

---

① 秦皇岛港股份有限公司 http://www.portqhd.com/s/about_profile.php

提供配煤服务和海运煤炭交易平台等增值服务，进一步提高煤炭运输的一体化综合服务能力。秦皇岛煤炭市场建立了一个以煤炭交易服务为核心，集煤炭信息服务及物流服务为一体的功能完善的综合性交易服务平台和煤炭物流链管理服务系统。

德鲁里的统计数据显示，秦皇岛煤炭市场发布的环渤海动力煤价格指数，已经成为国内煤炭重点订货和煤炭贸易的定价依据，正在成为国际煤炭贸易的重要参考依据。秦皇岛煤炭市场开发的煤炭现货交易服务平台是国内沿海港口下水煤炭最重要的交易平台，为未来实现煤炭现货交易与中远期交易及相关衍生品交易的有机整合，实现期现结合的市场模式奠定了坚实基础。

（3）保税仓库与出口监管仓库业务

秦皇岛港保税仓库与出口监管仓库已于 2012 年底取得设立批文，于 2013 年底建成，并计划经有关部门验收后投入使用。保税与出口监管仓库业务平台的建立，既符合市场竞争的发展需要，也可吸引本地乃至周边腹地客户、拉动区域经济的发展，是扩大港口服务功能、提升港口竞争力、发展新的经济增长点的重要举措。而且也为京津冀地区和环渤海经济带的加工贸易提供周期长、物流快的贸易交流，为货主减少分散仓储、降低仓储成本，提供双赢服务。

3.2.3　国内大宗商品物流中心建设经验

水运以其运价低、运量大、运程长等特点，在大宗商品运输方面有着其他运输方式不能比拟的独特优势，在综合运输体系中占据重要位置。根据目前港口发展的状况，国内大宗商品物流中心建设有以下经验值得借鉴。

1. 提升沿海港口规模，满足散货运输需求

货物的大进大出对港口的总规模和总能力提出了更高要求。这不但在量上要求港口扩大规模,而且在质的方面也提出了大型化、集约化、专业化、多功能及实现综合运输的要求。面对运输方式的发展趋势,沿海港口必须围绕扩大港口规模,提升港口等级进行规划与建设。目前,港口基础设施建设要努力满足30万吨级油船和散货船进出港通航需要。

2. 开发沿海港口功能,发挥港口综合服务优势

作为客货流、信息流、资金流多重网络汇集的节点,沿海港口正在成为物流枢纽和资源配置的枢纽。

首先,应在港口城市和区域经济的发展中,充分利用港口优势进行相关产业布局,发挥大型散货港货物大进大出的优势,规划大型钢铁冶炼、石油化工等重工业。其次,应依托港口区位优势,充分发挥聚集效应,布置轻加工业。另外,在拥有装卸、仓储和中转等传统功能的同时,将工业、贸易、信息、科技、金融、旅游服务等融入港口功能,形成综合性、多行业的港口产业格局。使港口由单纯的水陆运输枢纽转变成为城市及腹地经济服务的基地和发展龙头,使港口的优势得以充分发挥。

3. 协调城市与港口关系,适应区域经济发展

沿海港口对促进区域经济发展具有重要的作用。因为港口可以促进区域外向型经济的发展,通过综合运输网络满足广大经济腹地对外经济贸易发展的需要。

要使港口融入所在城市和区域,实现与周边社会环境和自然环境的协调发展。产业的发展与城市的发展互动,将促进若干大城市带的形成和扩展。沿海港口发展的聚集效应和优越的运输条件将对城市经济结构调整和优化生产力布局起到积极的促进作用。利用港口进行大宗商品散货运输的优势,将形成各类大宗商品散货的交易市场和分拨中心,进而带动金融、信息、贸易及相关服务行业的发展,带动港口所在城市经济的发展。

3.3 浙江省大宗商品物流中心建设基础

浙江省港口大宗商品物流中心建设在地理位置、岸线资源、腹地经济、基础设施以及配套服务等方面具有良好的基础支撑条件。

3.3.1 得天独厚的区位优势

浙江省地处太平洋西岸,濒临国际主航道,与韩国釜山、我国台湾高雄、新加坡、我国香港、阪神等港口构成扇形海运网络,部分港口与我国香港、我国台湾基隆、韩国釜山、日本大阪、神户等港口间国际线均在 1000 海里之类,至美洲、大洋洲、波斯湾等地港口距离在 5000 海里左右,区位优势明显,具备发展国际物流中心的良好条件。

同时,浙江省位于我国华东地区中部,长江经济带与东部沿海经济带"T"型交汇的长江三角洲南部地区,海域位于长江黄金水道入海口,地理位置适中,是江海联运和国际远洋航线的紧密结合部,内外辐射便捷,不仅可便捷连接沿海各个港口,而且通过江海联运,沟通长江、京杭大运河、直接覆盖整个华东地区及经济较为发达的长江流域,具备成为我国的中转枢纽的巨大优势。

3.3.2 丰富的港口岸线资源

浙江省具有得天独厚的资源优势,拥有海岸线 6646 公里,占我国海岸线总长的 21%,居全国第一位。岸线资源承载能力与开发空间明显好于周边省市,宁波—舟山港可建 40 万吨以上的泊位,虾峙门口外 30 万吨级航道完成后超大型船舶可直接进出,其岸线和航道资源优势在我国沿海港口中独一无二。丰富的深水港口岸线资源为浙江省大宗商品物流体系建设提供了广阔的发展空间。

3.3.3　夯实的腹地经济基础

浙江沿海港口的直接腹地为浙江省内杭州、宁波、温州、嘉兴、湖州、绍兴、金华、衢州、舟山、台州和丽水等十一个市；其间接腹地为沪、苏、皖、赣、鄂、湘、川和渝等省市，横跨东、中部两个地带，其中，上海、江苏是我国经济最发达的地区，湖南、安徽和江西经济发达程度相对较低。

长三角洲地区是全国经济最发达的地区之一。2013 年长三角经济运行分析报告显示，上年度长三角地区 GDP 总量达到近 10 亿元，经济总量占全国比重的 17.2%。长三角地区作为东部对外开放的窗口，受全球经济下行影响，增速略有回落，但仍是我国经济的重要增长极。其稳定的工业生产和持续增加的工业投入，为地区经济增长奠定了坚实基础。2013年长三角地区完成固定资产投资 47198 亿元，同比增长 16.7%。全年实现社会消费品零售总额达到 35449 亿元，同比增长 12.2%。社会经济的发展预示着对能源物资的巨大需求。

浙江经济发达，资源需求对外依存度大。浙江是"资源小省"，除部分非金属资源与海洋资源外，浙江自然资源缺乏，资源要素对浙江经济发展构成了制约，所需的大量原材料与能源物资需要从省外、国外调入。浙江还是"外贸大省"，大量的外贸货物需要通过港口进出，2012 年完成沿海港口货物吞吐量 9.25 亿吨，同比增长 6.8%。腹地经济的快速发展为浙江沿海港口提供了充足的货源，为浙江省大宗商品物流体系建设提供了推动作用。

3.3.4 有力的基础设施保障

1．港口设施和泊位

全省现有宁波—舟山、温州、台州和嘉兴等 4 个沿海港口，至 2012 年底，全省沿海拥有港口泊位 1065 个，其中万吨级以上泊位 185 个，年综合通过能力达 8.7 亿吨。全省境内河流众多，水网密布，内河航道通航里程达 9750 公里，四级及以上高等级航道 1386 公里。现有杭州港、湖州港、嘉兴内河港、绍兴港、宁波内河港、金华兰溪港、丽水青田港等 7 个内河重点港口，综合通过能力 3.8 亿吨。2012 年，内河港口完成货物吞吐量 3.91 亿吨。

2．交通网络体系

集疏运系统是大宗商品物流中心建设重要的基础设施。目前浙江省沿海四个港口已经形成了较为完备的交通基础设施网络，拥有公路、铁路、内河和管道等较为门类齐全的集疏运体系，正在朝着加快构建水路配套、江海联运的港口集疏运体系，形成港口与公路、铁路、航道、管道等"海陆空"一体的立体交通网络的方向迈进。浙江省 2007 至 2012 年铁路、公路、内河及民用航空线路长度如表 3.2。

3．项目平台支撑

近年来，浙江省加快了以港口物流为主导的现代物流业发展，规划、建设和运营了一批港口物流园区、临港工业区，并依托商品交易平台等开展物流业务，形成了较好的物流产业基础。目前，宁波保税物流园区、镇海大宗货物海铁联运物流枢纽港、宁波化工区等港口物流园区和临港工业区已经具有较大规模。

舟山市重点规划建设衢山港区以矿石交易为主兼顾油品、煤炭、木材等具有保税功能的综合物流交易园区、六横港区以煤炭交易为主兼顾集装箱、油品的综合物流园区、舟山本岛西北部石油化工交易物流园区等八大物流园区。

表 3.2　2007—2012 年浙江省运输线路长度　　　　单位：公里

指标	2007	2008	2009	2010	2011	2012
铁路营业里程	1306	1306	1665	1761	1765	1765
♯复线里程	714	714	1065	1164	1167	1185
公路通车里程	99812	103652	106942	110177	111776	113550
♯一级公路	3617	3795	4099	4293	4565	4903
二级公路	8207	8596	8882	9101	9224	9447
高速公路	2651	3073	3298	3383	3500	3618
内河通航里程	9667	9695	9704	9704	9750	9750
民用航空航线（条）	188	166	206	217	239	210
♯国内航线	148	135	170	174	194	160

数据来源：2013 年浙江省统计年鉴

3.3.5　逐步完善的配套服务

1. 金融服务

集聚银行、信用社、信托、租赁、证券、保险等多种金融机构，形成了较为完整的金融机构体系，广泛开展融资、保险、担保等港口金融业务。全省各大金融机构将为大宗商品交易提供全方位的服务。引进或组建港航产业投资基金，推进港航投资公司建设；创新航运保险、直接融资、间接融资这三类金融产品；建立一个港口金融战略合作机制，推进港航企业与金融机构的战略合作。

2. 信息服务

积极建设公共信息服务体系，建设一个为用户提供政策、船舶、航线、码头、物流、配载、气象、地图等服务的公共信息服务平台。建设一个为企业提供便捷口岸服务,加强港口安全监管的政务应用板块;一个第四方物流信息平台、船舶交易信息系统,为企业提供更为有效、及时、全面物流信息服务的商务应用板块;一个推进各港口业务单位信息化建设,提高港口运行和管理现代化水平的生产应用板块。

3. 人才保障

重点培养、引进和集聚深水港建设、航道设计与施工、港口机械装卸技术、引航、航运经营与管理、物流经营管理、航运金融与保险、海事法律、现货和期货交易等领域高端人才、复合人才。支持引进国内外优质教育资源与本地高等院校开展合作办学和科学研究,培养满足大宗商品物流中心建设的各类高端专业人才,为浙江省大宗商品物流中心的建设提供强有力的科技、人才和智力支撑。

参考文献

[1] 陈勇.从鹿特丹港的发展看世界港口发展的新趋势[J].国际城市规划.2007,22(1):58-62.

[2] 孙芳.国际物流中心的内涵、特征与主要类型[J].港口经济.2009(12):35-39.

[3] 李权昆.从鹿特丹看湛江港口物流中心建设[J].海洋开发与管理.2004(6):58-60.

[4] 刘珊.国外主枢纽港口物流发展模式及启示[J].山东商业职业技术学院学报.2007(5):145-150.

[5] 张世坤.有关汉堡港、鹿特丹港、安特卫普港的考察——兼谈我国保税区与国际自由港的比较[J].港口经济.2006(1):42-43.

[6] 李筱乐.天津港提升物流功能建设国际物流中心的研究[D].天津师范大学硕士论文,2012.

[7] 李学工,任伟.国外港口物流发展的趋势、特征及启示[J].港口科技.2007(2):3-6.

[8] 于汝民.中国经济发展与沿海港口散货运输[J].港口经济.2005(1):9-11.

[9] 袁绍华.我国沿海构建五大港口群体、八大运输系统的构想[J].城市.2007(3):9-11.

[10] 吴坚.水阔天高好行舟——浙江全力建设"港航强省"[J].今日浙江.2009(11):26-27.

[11] 姚勇.集疏运系统在港口物流体系中的应用——以浙江省为例[D].浙江工业大学硕士论文,2012.

浙江省港口大宗商品吞吐量时空演变分析

　　浙江省海域面积达 26 万平方公里,是陆域面积的 2.6 倍,海洋经济是浙江经济社会持续发展的潜力所在。2013 年浙江省海洋生产总值达 5560 亿元,比上年增长 12％。浙江沿海港口是浙江省以及全国的重要水运枢纽和对外贸易中心,在我省海洋经济快速发展的背景下,构建结构合理的港口体系有重要现实意义。

　　本章首先从长三角地区的角度分析港口体系主要货类的空间结构演变过程,探讨浙江省各港口在长三角主要货类物流体系中的作用。接着,着重分析了浙江省沿海港口主要货类空间结构演变过程,明确浙江省沿海各港口之间的分工。最后,采用指数平滑法来预测浙江省沿海港口的货物吞吐量,港口货物吞吐量的预测结果对于港口未来的发展及规划、基础性设施的建设、集疏运网络的建设等有重要的影响。

4.1　长三角港口体系主要货类结构时空演变

　　港口体系是在一定地域范围内,由于腹地交叉或重合而形成的在规模、类型、等级、职能上相互联系的港口有机群体。港口对区域经济与城市的发展有重要作用,港口之间的合作与竞争导致港口体系结构不断演变。

　　港口体系早期的研究侧重于探讨港口体系的形成和发展过程,Carter以北美 60 个港口为对象,从总吨位、货种、运输类型、货流平衡、贸易种类和外贸价值等方面分析了相关各港的特征。1963 年 Taaffe、Morrill 和 Gould 提出了一个海港空间结构演化模型,把港口体系的演化过程分为 6 个阶段,即港口孤立发展阶段、航线渗透和港口集中阶段、支线相互联络阶段、腹地交通继续发展阶段、腹地节点集中阶段和国家干线形成阶段。

　　近年来随着船舶大型化、集装箱化和多式联运的发展,国外学者关注了港口体系的结构演变,比如港口之间枢纽港地位的竞争、集装箱技术对港口之间空间结构的影响等。Rimmer 与 Hayuth 注意到港口体系发展的分散化趋势。Hayuth 从技术革新和发散的角度提出的集装箱港口体系阶段发展模型。Hayuth 认为,集装箱港口体系先后经历准备阶段、集装箱采用阶段、港口集中阶段、枢纽中心阶段和周边港口挑战阶段。

　　国内学者也对港口体系结构进行了研究,陈航研究了港口体系结构及地域组合问题;曹有挥等对长江下游的港口体系进行了分析;杨静蕾等分析了美国集装箱港口体系演进过程。曹有挥等对我国集装箱港口体系的空间结构、竞争格局进行了研究,结果表明 1992—2001 年整个港口体系出现集中化现象;吉阿兵研究得到 2000—2010 年间长三角集装箱港口群出现总体分散化特征;蹇令香等通过分析 1979—2011 年中国集装箱港口体系演进规律,认为港口体系先后出现分散—集中—分散化的现象。

　　现有研究未对长三角地区港口的主要货类空间结构进行系统分析,因而,基于现有研究成果,本节以长三角地区 19 个主要港口组成的港口体系为研究对象,分析 2004—2012 年港口体系主要货类的空间结构演变过程,将有助于明确浙江省各港口在整个长三角港口体系的地位和作用。

4.1.1　数据来源与研究方法

　　长三角港口体系是由沿海港口和沿江港口组成的综合性港口群,是我国最重要的港口体系之一。2012年长三角地区港口共完成货物吞吐量320030万吨,规模以上港口货物吞吐量占全国比重为32.80%。长三角地区港口在中国经济和港口航运发展中继续保持重要的地位。中央提出上海国际航运中心建设的目标是形成以上海为中心、江浙为两翼,以长江流域为腹地,与国内其他港口合理分工、紧密协作的国际航运枢纽港,形成分工合作、优势互补、竞争有序的港口格局。但由于港口腹地上的接近或重合,长三角地区内各港口竞争激烈。研究长三角地区港口主要货类的空间结构演变,构建结构合理的港口体系,从而促进长三角地区港口的协调发展。

1. 数据来源

以长三角地区港口体系为研究对象,包括上海港、连云港港、宁波港、舟山港、温州港、台州港、嘉兴港、南京港、镇江港、苏州港、南通港、常州港、江阴港、扬州港、泰州港、徐州港、无锡港、湖州港、杭州港等19个主要港口。本节中的各货类吞吐量数据来源于2005—2013年的中国港口年鉴以及宁波、舟山等地市统计年鉴①。

2. 研究方法

国内外学者研究港口体系的集散趋势时常使用赫希曼—赫芬达尔指数,因此,先运用赫希曼—赫芬达尔指数(HHI)分析2004—2012年长三角港口体系主要货类的吞吐量集中度变化趋势。但赫希曼—赫芬达尔指数测度方法缺少空间角度,不能反映变量在空间结构上的变化。进一步采用探索性空间数据分析(ESDA)方法研究主要货类吞吐量的空间演变特征,以揭示货物吞吐量的空间集聚模式。

(1)赫希曼—赫芬达尔指数。赫希曼—赫芬达尔指数,简称赫芬达尔

---

① 具体数据参见附录1。

指数(HHI),是一种测量市场集中度的综合指数。把赫芬达尔指数应用于长三角地区港口市场的集中度分析,它是指港口体系内某一货类各港口的货物吞吐量市场占有率的平方和,其公式为:

$$HHI_i = \sum_{j=1}^{n} (X_{ij} / X_i)^2$$

式中 n 为该地区的港口数,X_{ij} 为 j 港口的货类 i 吞吐量,X_i 为港口体系内货类 i 的总吞吐量,HHI_i 为港口体系货类 i 的集中度指数。0＜HHI_i＜1,HHI_i 越大,表示市场集中程度越高,垄断程度越高。

(2)探索性空间数据分析。探索性空间数据分析(ESDA)以空间关联测度为核心,旨在描述空间分布,发现空间离群值或空间集聚模式,揭示空间联系的结构。ESDA 方法建立在地理学第一定律描述的空间自相关的基础上,地理学第一定律指出地理事物或属性在空间分布上互为相关,而相近的事物关联更紧密。空间自相关分析包括全局自相关与局部自相关关系分析。

全局自相关统计量可用于描述整个研究区域上,所有空间对象之间的平均关联程度、空间分布模式等。Moran's I 统计是一个应用广泛的全局空间自相关统计量,其表达式为:

$$I = \frac{\sum_{i=1}^{n} \sum_{j=1}^{n} w_{ij}(y_i - \bar{y})(y_j - \bar{y})}{S^2 \sum_{i=1}^{n} \sum_{j=1}^{n} w_{ij}}$$

式中 n 为样本数,y_i 与 y_j 为第 i 和第 j 港口的属性值,$S^2 = \frac{1}{n} \sum_{i=1}^{n} (y_j - \bar{y})^2$,$\bar{y}$ 为属性的平均值,w_{ij} 为空间权重矩阵元素。Moran's I 统计量的取值范围介于 -1 与 1 之间。若 Moran's I 显著为正时,表明高的观测值倾向与高的观测值集聚在一起,低的观测值倾向与低的观测值集聚在一起,呈现高高集聚或低低集聚的空间分布;若 Moran's I 显著为负时,表明高的观测值倾向于和低的观测值集聚在一起,高低相异,呈现空间分散分布。

全局自相关是研究整个区域内空间对象的某一属性值是否存在集聚现象,但不能描述集聚的具体空间位置。局部空间自相关统计量可用于识别不同空间位置上存在的空间关联模式或空间集聚模式。局部自相关统计量为:

$$I_i = \frac{y_i - \bar{y}}{S^2} \sum_{j}^{n} (y_j - \bar{y}).$$

通常用 LISA Moran 散点图来表示四种空间集聚类型:HH 型,表明位置 i 与邻近位置的属性值都较高;LL 型,表明位置 i 与邻近位置的属性值都较低;HL 型,表明邻近位置的属性值显著低于位置 i 的属性值;LH 型,表明邻近位置的属性值显著高于位置 i 的属性值。

4.1.2 长三角地区港口体系主要货类集中度变化

长三角港口体系基于货物吞吐量计算的赫希曼—赫芬达尔指数如图 4.1 所示,包括煤炭及其制品、石油及其制品和集装箱三个 HHI 指数。从 2004 年到 2012 年,各货类的集中度呈现下降趋势,表明煤炭、石油以及集装箱等货类的吞吐量结构趋于分散。与国内的一些研究结论—集装箱港口体系出现分散特征类似,主要是由于长三角各港口之间相互竞争引起的。

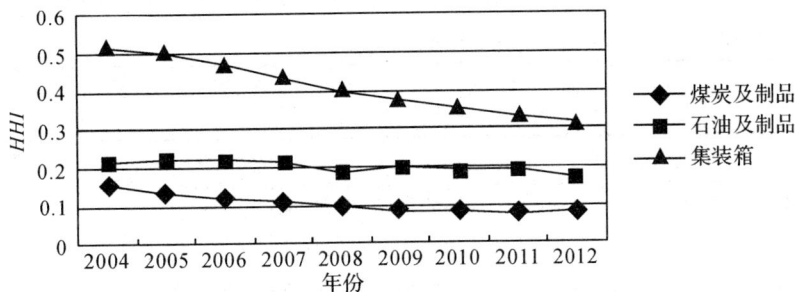

图 4.1 长三角港口体系赫芬达尔指数

其中集装箱的指数大致从 0.5 降到 0.3,下降最明显。长三角港口体系中主要货类的集中度从高到低依次为:集装箱、石油及制品、煤炭及制品。

4.1.3　长三角地区港口体系主要货类吞吐量空间演变

通过对 2004 年、2008 年与 2012 年长三角地区港口体系吞吐量的全局自相关分析与局部自相关分析,可以获得其吞吐量结构演变趋势。

1. 主要货类吞吐量空间结构全局自相关分析

(1)煤炭吞吐量空间结构

2004 年与 2012 年长三角地区 19 个港口的煤炭吞吐量分布见表 4.1,按吞吐量大小分成四组。2004 年至 2012 年上海港的煤炭吞吐量一直是最高的;苏州港的吞吐量快速增长,到 2012 年苏州港与上海港组成煤炭吞吐量的最高组。而杭州、湖州、无锡、常州等港口的吞吐量一直处于最低组,主要是经济发展路径依赖效应,导致这些城市对煤炭的直接需求较低。

表 4.1　长三角地区煤炭吞吐量分布情况

(a) 2004 年煤炭吞吐量分布

吞吐量组别(万吨)	港　口
0.0—538.0	杭州、湖州、嘉兴、常州、无锡、江阴、泰州、温州
538.0—1170.0	舟山、台州、南京、扬州、南通、连云港
1170.0—2554.0	宁波、苏州、镇江、徐州
2554.0—7950.0	上海

(b) 2012 年煤炭吞吐量分布

吞吐量组别(万吨)	港　口
702.0—1731.0	杭州、湖州、常州、无锡、台州
1731.0—3643.0	舟山、嘉兴、扬州、连云港、徐州、温州
3643.0—6631.0	宁波、南京、镇江、泰州、南通、江阴
6631.0—10715.0	上海、苏州

对长三角地区港口的煤炭吞吐量进行全局性自相关分析,结果得到2004 年与 2008 年全局 Moran's I 值分别为－0.0536 与－0.0310,2012 年为 0.1211。2004 年与 2008 年长三角地区港口煤炭吞吐量之间存在弱空间分散格局,2012 年长三角港口煤炭吞吐量存在弱空间集聚格局,表明长三角港口煤炭吞吐量有从空间分散格局向空间集聚演变的趋势。

(2) 石油吞吐量空间结构

2004 年与 2012 年长三角地区 19 个港口的石油吞吐量分布见表 4.2。2004 年宁波港、舟山港、上海港与南京港的石油吞吐量处于最高组,到 2012 年吞吐量最高组由宁波港与舟山港组成,因为这两个港口地理位置优越并且基础设施良好,成为华东地区石油转运和储备中心。而温州、台州、湖州、无锡、常州以及苏北港口的吞吐量一直处于最低组。

表 4.2　长三角地区石油吞吐量分布情况

(a) 2004 年石油吞吐量分布

吞吐量组别(万吨)	港　口
0.0—103.0	温州、台州、湖州、无锡、常州、镇江、扬州、徐州、连云港
103.0—240.0	杭州、苏州、泰州
240.0—500.0	南通、江阴、嘉兴
500.0—5842.0	宁波、舟山、上海、南京

(b) 2012 年石油吞吐量分布

吞吐量组别(万吨)	港　口
0.0—395.0	温州、台州、杭州、湖州、无锡、常州、苏州、徐州、连云港
395.0—1247.0	镇江、扬州、泰州、南通、江阴、嘉兴
1247.0—2976.0	上海、南京
2976.0—7445.0	宁波、舟山

对这些港口的石油吞吐量进行全局性自相关分析,得到 2004 年、2008

年与 2012 年长三角地区石油吞吐量的全局 Moran's I 值分别为 0.1477、
0.2843、0.3297。2012 年长三角地区石油吞吐量的全局 Moran's I 值高于
2004 年与 2008 年的 Moran's I 值,而 2008 年的 Moran's I 值高于 2004 年
的 Moran's I 值,表明长三角地区石油吞吐量空间集聚性呈现增加的
趋势。

（3）集装箱吞吐量空间结构

2004 年与 2012 年长三角地区主要港口的集装箱吞吐量分布见
表 4.3。2004 年与 2012 年在集装箱吞吐量最高组的港口只有上海港,上
海港凭借自身在人才、资金、技术等方面的优势始终占据集装箱吞吐量第
一的位置。而在该时期内宁波港处于集装箱吞吐量第二组,表明相对于其
他港口(除上海港),宁波港具有比较优势。

表 4.3　长三角地区集装箱吞吐量分布情况

(a) 2004 年集装箱吞吐量分布

吞吐量组别（万吨）	港　口
0.0—21.2	杭州、温州、台州、湖州、嘉兴、无锡、常州、镇江、扬州、江阴、泰州、徐州、舟山
21.3—50.9	南京、南通、苏州、连云港
50.9—401.0	宁波
401.0—1455.4	上海

(b) 2012 年集装箱吞吐量分布

吞吐量组别（万吨）	港　口
0.0—230.0	杭州、温州、台州、湖州、嘉兴、无锡、常州、南京、镇江、扬州、江阴、泰州、南通、徐州、舟山
230.0—586.0	苏州、连云港
586.0—1567.0	宁波
1567.0—3252.9	上海

对长三角的 19 个港口的集装箱吞吐量进行全局性自相关分析,结果得到 2004 年、2008 年与 2012 年长三角地区集装箱吞吐量的全局 Moran's I 值分别为 -0.0941、-0.1146、-0.1127。这表明 2004 年到 2012 年间长三角地区各港口集装箱吞吐量存在弱空间分散格局,但并不显著。

2. 港口主要货类吞吐量空间结构局部自相关分析

全局空间自相关分析考查了货物吞吐量在长三角地区空间分布的整体关联性,但未能表明空间异质性规律。接着,采用局部空间自相关研究货物吞吐量的局部空间关联特征,结果见表 4.4 至表 4.6。

从 LISA Moran 散点图得到煤炭吞吐量空间演变趋势见表 4.4,可以得到以下结论:

(1)2004 年到 2012 年长三角地区煤炭吞吐量空间分布没有出现明显的集聚效应。2004 年高值与高值集聚、低值与低值集聚的港口数量为 9,高低值集聚的港口数量为 10;在 2012 年高高值集聚、低低值集聚的数量为 11,高低值集聚的数量为 8。

(2)2004 年到 2012 年间,上海港与其临近的苏州港、江阴港等江苏港口间出现高高集聚的现象;而煤炭吞吐量低值主要分布在温州港、杭州港、湖州港等浙江港口以及苏北的徐州港和连云港港。

(3)宁波港一直处于高低值集聚区域,宁波港的煤炭吞吐量一直较高,但其周边地区港口的煤炭吞吐量较低,表明宁波港对其周边港口的辐射带动作用不明显。

长三角地区煤炭资源较匮乏,大部分煤炭从外部调入,以水运方式为主。国内的煤炭主要通过北方的秦皇岛、唐山、天津等煤炭装运港经海运至长三角地区卸船港,运输船舶以 3～10 万吨为主。国外的煤炭通过 10～15 万吨级船舶运输,至上海港、宁波港进行转运。

表 4.4　煤炭吞吐量的 LISA Moran 散点图演变过程

类型	2004 (Moran's I=−0.0536)	2008 (Moran's I=−0.0310)	2012 (Moran's I=0.1211)
HH	苏州	上海、江阴	上海、苏州、江阴、镇江、泰州、南通
LL	温州、杭州、湖州、无锡、常州、南京、泰州、扬州	温州、杭州、湖州、无锡、常州、南京、镇江、泰州、扬州	温州、杭州、湖州、徐州、连云港
HL	上海、宁波、镇江、徐州	宁波、苏州、徐州	宁波、南京
LH	舟山、台州、嘉兴、江阴、南通、连云港	舟山、台州、嘉兴、南通、连云港	舟山、台州、嘉兴、无锡、常州、扬州

依托长江水运的优势，上海港以及周边地区的苏州、江阴、南通、南京等港口煤炭运输量较大，以满足长江沿线城市的煤炭需求。这些需求促成了上海及临近长江各港口煤炭吞吐量的增加，形成 HH 集聚区。宁波港因其外海水深条件较好，承担煤炭接卸和转运任务，除了满足本地的煤炭需求外，另外为华东地区煤炭需求服务。但宁波港周边地区对煤炭的需求相对较小，临近港口的吞吐量不高，因此宁波一直在 HL 区域。

表 4.5　石油吞吐量的 LISA Moran 散点图演变过程

类型	2004 (Moran's I=0.1477)	2008 (Moran's I=0.2843)	2012 (Moran's I=0.3297)
HH	宁波、舟山	宁波、舟山、上海	宁波、舟山、上海
LL	温州、杭州、湖州、苏州、无锡、常州、镇江、泰州、扬州、江阴、南通、徐州、连云港	温州、杭州、湖州、苏州、无锡、常州、镇江、泰州、扬州、江阴、南通、徐州、连云港	温州、杭州、湖州、苏州、无锡、常州、镇江、泰州、扬州、江阴、南通、徐州、连云港
HL	上海、南京	南京	南京
LH	台州、嘉兴	台州、嘉兴	台州、嘉兴

从 LISA Moran 散点图得到石油吞吐量空间演变趋势见表 4.5,2004 年到 2012 年,长三角地区的空间集聚性较显著。可以得到以下结论:

(1)2004 年到 2012 年间长三角地区的石油吞吐量呈现空间相关性增加的趋势。2004 年、2008 年与 2012 年长三角地区高值与高值集聚、低值与低值集聚的港口数量明显多于高值与低值集聚的港口数量。

(2)2012 年长三角地区石油吞吐量高值区分布在宁波港、舟山港、上海港与南京港,因为这些地区具有良好的区位优势以及石化产业基础;石油吞吐量低值区域主要分布在温州、杭州、湖州等浙江港口以及江苏的其他港口,与宁波、上海、南京等港口相比,这些港口在区位条件与产业基础等方面相对较差。

(3)南京港一直处于 LISA Moran 图的 HL 区域,南京港的石油吞吐量一直较高,但其周边地区港口的石油吞吐量较低。台州港与嘉兴港一直处于 LISA Moran 图的 LH 区域,表明这两个港口属于低值区而周边港口大多是高值区。

长三角地区的原油消费对外依存度很高,原油的来源有内陆原油、海上原油以及进口原油。长三角区域的上海、南京、宁波是我国的三大炼油基地,三地化工区的炼油产能均超过了 2000 万吨。受到强劲需求的拉动,上海港、宁波港和南京港的石油吞吐量较大。宁波港与舟山港依靠港口资源优势,在北仑、榭岛、岙山、册子岛等地建设大型原油码头,除满足华东地区原油转运外,还成为国家战略石油储备基地的组成部分。因此,宁波、舟山、上海等港口形成 HH 集聚区;而南京港处于 HL 区域。

从 LISA Moran 散点图得到集装箱吞吐量空间演变趋势见表 4.6,可以得到以下结论:

表 4.6　集装箱吞吐量的 LISA Moran 散点图演变过程

类型	2004 (Moran's I＝－0.0941)	2008 (Moran's I＝－0.1146)	2012 (Moran's I＝－0.1127)
HH	——	——	苏州
LL	温州、杭州、湖州、无锡、常州、南京、泰州、扬州、镇江、徐州、连云港	温州、杭州、湖州、无锡、常州、南京、泰州、扬州、镇江	温州、杭州、湖州、无锡、常州、南京、泰州、扬州、镇江
HL	上海、宁波	上海、宁波、连云港	上海、宁波、连云港
LH	舟山、台州、嘉兴、苏州、江阴、南通	舟山、台州、嘉兴、苏州、江阴、南通、徐州	舟山、台州、嘉兴、江阴、南通、徐州

(1)2004 年到 2012 年长三角地区集装箱吞吐量空间分布未出现明显的集聚或分散效应。2004 年高高值集聚、低低值集聚的港口数量为 11,高低值集聚的港口数量为 8;在 2012 年高高值集聚、低低值集聚的数量为 10,高低值集聚的数量为 9。

(2)2004 年与 2008 年没有港口处于 HH 区域,在 2012 年苏州港处于 HH 区域,表明近四年苏州港的集装箱吞吐量增长较快;集装箱吞吐量的低值区主要分布在苏南和浙北的港口。苏州港位于长江入海口,具有江海联运的地理优势;且苏锡常地区是苏州港的直接腹地,该地区以外向型经济为主,为港口发展提供了货源;加上政策的引导,最终促使苏州港集装箱吞吐量快速增长。

(3)上海和宁波两港一直处于 HL 区域,这两个港口的集装箱吞吐量较高,而其临近港口的吞吐量较低;而连云港港从 2008 年开始处于 HL 区域。因为上海港和宁波港把战略的重点放在集装箱上,依靠各自所具有的区位优势、基础设施优势、政策优势等,使得港口的集装箱吞吐能力不断提高。而连云港港从 2008 年开始,顺应"借港出海"需求,大力开拓市场,大幅提高了集装箱吞吐量。

本节小结

港口发展是促进地方经济发展的重要因素,港口的空间结构演变是国内外学者关注的重要内容。长三角地区是中国港口密度最大的地区,本节以长三角地区 19 个主要港口为研究对象,运用赫希曼—赫芬达尔指数(HHI)分析 2004—2012 年主要货类的吞吐量集中度变化趋势;并采用探索性空间数据分析(ESDA)方法研究主要货类吞吐量的空间演变特征。

结果表明煤炭、石油以及集装箱的吞吐量结构均趋向分散。2004—2012 年长三角港口煤炭吞吐量出现空间分散格局向空间集聚演变的趋势,但集聚效应不显著;2012 年,上海港与其附近的苏州港、江阴港等江苏港口之间出现高高集聚的现象,宁波港与南京港处在 HL 区域。2004—2012 年长三角地区港口的石油吞吐量出现空间相关性增加的趋势;宁波港、舟山港、上海港与南京港处于石油吞吐量高值区。2004—2012 年长三角地区集装箱吞吐量未出现明显的空间集聚或分散效应;上海港和宁波港的吞吐量较高,苏州港和连云港港的集装箱吞吐量增长较快。

对长三角港口主要货类结构的时空演变分析,有助于长三角地区港口的协调发展。近年来,长三角港口呈现资源整合的趋势。自 2001 年"长江战略"实施起,上海港先后参股或通过业务合作涉足武汉、南京、江阴和九江等港口的集装箱码头业务,并与重庆、宜宾签署了集装箱码头合资经营协议。南翼的宁波港、舟山港组合成了宁波—舟山港,宁波港还与温州、嘉兴、台州等港口合作经营集装箱码头;北翼的太仓港、常熟港、张家港三港合一,推出"苏州港"品牌。

长三角各港口须进行合理分工与合作,从而建设具有竞争优势的国际航运中心。突出上海港、宁波港在上海国际航运中心的集装箱干线港地

浙江省港口大宗商品吞吐量时空演变分析

第4章

位,同时建设苏州港、连云港港、温州港等港口,成为集装箱业务的支线港、喂给港。进一步发挥宁波港、舟山港深水岸线航道资源优势和已形成的水水中转优势,建设煤炭、石油等大宗商品码头,并建设一批接卸码头形成完善的江海联运体系。

4.2 浙江省沿海港口体系主要货类空间结构演变

港口体系早期的研究侧重于探讨港口体系的形成和发展过程,Rimmer(1967)把港口体系的演化进程分为 5 个阶段:港口孤立发展阶段、交通线路渗透和港口侵夺阶段、相互联络阶段、进一步集中阶段、边缘港口发展与港口体系扩散阶段。

近年来随着船舶大型化、集装箱化和多式联运的发展,一些研究关注了港口体系的结构演变,比如港口之间枢纽港地位的竞争、集装箱技术对港口之间空间结构的影响等(陈春芳,2011)。Hayuth(1988)从技术革新和发散的角度提出的集装箱港口体系阶段发展模型。Hayuth 认为,集装箱港口体系先后经历准备阶段、集装箱采用阶段、港口集中阶段、枢纽中心阶段和周边港口挑战阶段。

国内对港口体系的研究相对较晚,陈航(1996)研究了港口体系结构及地域组合问题。曹有挥等(2004,2001)对长江下游的港口体系进行了分析,并对我国集装箱港口体系的空间结构、竞争格局也进行了研究。俞海宏等(2010)分析了浙江省港口体系吞吐量结构的演变及其驱动因素。

现有的研究主要对港口体系本身结构的演变进行分析,但具体针对港口体系不同货类吞吐量结构演变的分析较少。本节以浙江省沿海港口为研究对象,运用赫希曼—赫芬达尔指数分析 2007—2012 年港口主要货类的吞吐量集中度趋势,并用市场占有率指标和比较优势指数分析各货类空间结构演变的过程,为浙江省构建结构合理的港口体系提供一定政策启示。

4.2.1 浙江沿海港口体系货物吞吐量结构

以浙江省宁波港、舟山港、温州港、嘉兴港、台州港组成的沿海港口体系为研究对象,虽然 2006 年 1 月 1 日起宁波—舟山港的名称启用,但宁波、舟山的吞吐量都有分开统计,研究中把宁波、舟山分开,从而更好地说明各货类吞吐量的内部结构。各货类吞吐量数据来源于 2008—2013 年浙江省统计年鉴与 2008—2013 年中国港口年鉴[①]。

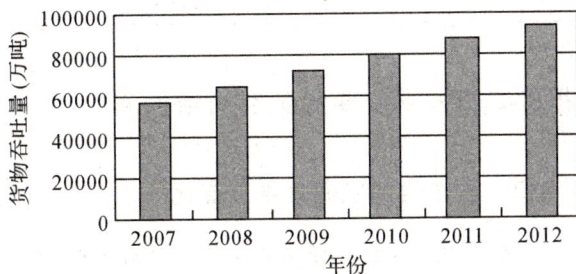

图 4.2　浙江沿海港口总货物吞吐量

在海洋经济发展的背景下,浙江沿海港口体系的货物吞吐量持续增长(图 4.2)。2007 年浙江沿海港口总货物吞吐量为 5.66 亿吨,2012 年则达到 9.28 亿吨。2012 年的吞吐量约为 2007 年的 1.6 倍,年均增长 10.4%。

货物吞吐量的市场占有率等于各港口货物吞吐量占港口体系总吞吐量的比例。从 2007 年到 2012 年,宁波港的市场占有率从 61.0% 下降到 48.8%,但宁波港的占有率仍是最高的。舟山港的市场占有率从 22.7% 上升到31.4%,增加幅度最大,市场占有率位居第二。另外,嘉兴港与温州

---

① 具体数据参考附录 2 和附录 3。

港的占有率均略有上升;而台州港的占有率基本不变。这表明吞吐量结构
的变化主要由货物从宁波港向舟山港的转移引起,另外,嘉兴港与温州港
相对多吸引了一部分货源。

表 4.7　浙江各港口货物吞吐量市场占有率

	2007	2008	2009	2010	2011	2012
嘉兴港	0.043	0.044	0.049	0.056	0.061	0.065
宁波港	0.610	0.568	0.537	0.523	0.500	0.488
舟山港	0.227	0.249	0.270	0.280	0.301	0.314
台州港	0.059	0.061	0.060	0.060	0.059	0.058
温州港	0.062	0.078	0.084	0.081	0.080	0.075

4.2.2　浙江港口体系主要货类空间结构演变

1. 浙江各港口主要货类的空间集中度变化

赫芬达尔—赫希曼指数,简称赫芬达尔指数(HHI),是一种测量市场
集中度的综合指数。它是指一个行业中各市场竞争主体所占市场占有率
的平方和,其公式为:

$$HHI = \sum_{i=1}^{n} (X_i/X)^2$$

式中 X 为市场的总规模,X_i 为 i 企业的规模,n 为该产业内的企业数。该
指数不仅能反映市场内大企业的市场份额,而且能反映大企业之外的市场
结构,因此,能更准确地反映大企业对市场的影响程度。显然,HHI 越大,
表示市场集中程度越高,垄断程度越高。

浙江港口体系基于货物吞吐量计算的赫希曼—赫芬达尔指数如
图 4.3所示。从 2007 到 2012 年,浙江港口体系总货物的 HHI 指数从
0.43下降到 0.35,整体上港口体系吞吐量结构趋于分散。煤炭、石油、金

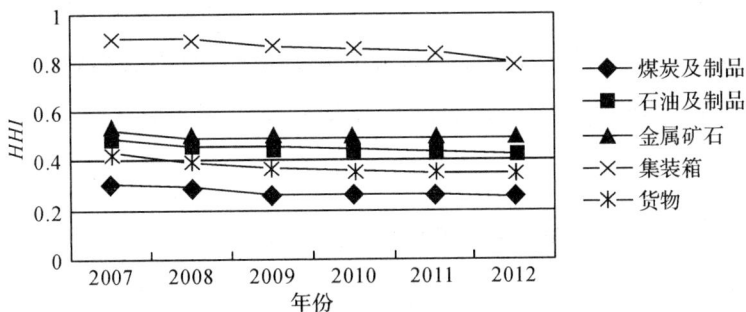

图 4.3　浙江港口体系赫希曼—赫芬达尔指数

属矿石以及集装箱等货类的吞吐量结构也趋于分散,集中度下降,其中集装箱与石油及制品下降的程度较大,而煤炭及制品与金属矿石下降的程度相对较小。各货类的集中度水平从高到低依次为集装箱,金属矿石,石油及制品,煤炭及制品。集装箱吞吐量 HHI 指数约为 0.8,集中度最高;而另外三个货类的 HHI 指数在 0.2～0.5 之间,集中度较低。表明浙江沿海港口体系中集装箱的集聚效应显著大于金属矿石、石油、煤炭等大宗商品的集聚效应。

　　显示性比较优势指数(RCA),用来衡量一个港口某货种在区域内的市场竞争力,从而揭示该货种在区域港口市场中的比较优势。显示性比较优势指数是指一个港口某货种吞吐量占该港总吞吐量的份额与区域内港口该货种吞吐量所占区域内港口总吞吐量份额的比率,用公式表示:

$$RCA_{ij} = \frac{X_{ij}/X_i}{W_j/W}$$

式中 X_{ij} 为港口 i 货种 j 的吞吐量;X_i 为港口 i 的总货物吞吐量;W_j 为区域内货种 j 的吞吐量;W 为区域内港口总吞吐量。当 RCA 数值大于 2.50 时表示该港口该货种在区域内具有极强的比较优势;RCA 在 1.25～2.5 之间,表明该港口该货种具有较强的比较优势;RCA 在 0.80～1.25 之间,该港口该货种具有中等比较优势;0.8以下则表示不具有比较优势。

表4.8表示了浙江省沿海港口煤炭及其制品、石油及其制品、金属矿石、集装箱等主要货类吞吐量的市场占有率,表4.9表示了各主要货类显示性比较优势指数。

表 4.8　主要货类吞吐量市场占有率

(a)煤炭及制品

	2007	2008	2009	2010	2011	2012
嘉兴	0.187	0.189	0.205	0.189	0.202	0.215
宁波	0.485	0.459	0.414	0.423	0.408	0.391
舟山	0.093	0.083	0.124	0.146	0.150	0.184
台州	0.127	0.153	0.132	0.114	0.110	0.089
温州	0.108	0.116	0.125	0.128	0.130	0.121

(b)石油及制品

	2007	2008	2009	2010	2011	2012
嘉兴	0.031	0.035	0.037	0.051	0.051	0.052
宁波	0.643	0.580	0.588	0.579	0.565	0.540
舟山	0.282	0.343	0.328	0.323	0.343	0.365
台州	0.013	0.015	0.013	0.015	0.013	0.014
温州	0.030	0.027	0.034	0.032	0.028	0.029

(c)金属矿石

	2007	2008	2009	2010	2011	2012
嘉兴	0.000	0.000	0.000	0.002	0.002	0.002
宁波	0.626	0.536	0.537	0.495	0.443	0.458
舟山	0.371	0.459	0.455	0.498	0.546	0.530
台州	0.000	0.000	0.000	0.000	0.000	0.000
温州	0.003	0.006	0.007	0.005	0.009	0.010

	2007	2008	2009	2010	2011	2012
嘉兴	0.004	0.009	0.018	0.025	0.033	0.043
宁波	0.947	0.945	0.932	0.926	0.916	0.891
舟山	0.008	0.008	0.007	0.010	0.013	0.028
台州	0.005	0.006	0.008	0.009	0.009	0.009
温州	0.036	0.033	0.035	0.030	0.029	0.029

表 4.9 主要货类显示性比较优势指数(RCA)

(a)煤炭及制品

	2007	2008	2009	2010	2011	2012
嘉兴	4.374	4.260	4.201	3.358	3.328	3.319
宁波	0.795	0.808	0.771	0.809	0.817	0.801
舟山	0.409	0.332	0.461	0.522	0.500	0.585
台州	2.162	2.510	2.198	1.911	1.870	1.549
温州	1.754	1.491	1.487	1.573	1.618	1.606

(b)石油及制品

	2007	2008	2009	2010	2011	2012
嘉兴	0.725	0.789	0.767	0.915	0.836	0.801
宁波	1.054	1.022	1.095	1.107	1.131	1.106
舟山	1.244	1.379	1.213	1.155	1.142	1.165
台州	0.229	0.245	0.216	0.247	0.228	0.246
温州	0.489	0.342	0.404	0.392	0.343	0.380

(c)金属矿石

	2007	2008	2009	2010	2011	2012
嘉兴	0.000	0.000	0.010	0.036	0.039	0.034
宁波	1.026	0.943	1.000	0.946	0.886	0.938
舟山	1.636	1.843	1.686	1.778	1.816	1.689
台州	0.000	0.000	0.000	0.000	0.000	0.000
温州	0.049	0.072	0.080	0.067	0.113	0.129

(d)集装箱

	2007	2008	2009	2010	2011	2012
嘉兴	0.088	0.198	0.367	0.443	0.536	0.659
宁波	1.552	1.664	1.735	1.772	1.833	1.824
舟山	0.036	0.030	0.026	0.036	0.043	0.091
台州	0.093	0.091	0.135	0.146	0.145	0.149
温州	0.575	0.427	0.413	0.369	0.368	0.390

从吞吐量市场占有率表和显示性比较优势指数表,得到以下结果:

(1)煤炭及制品

宁波港的市场占有率从 2007 年的 48.5% 下降到 2012 年的 39.1%,在煤炭市场上仍有绝对优势,但其比较优势指数一直在 0.8 左右,说明宁波港在煤炭市场的比较优势一般。嘉兴港在煤炭市场占有率约为 20%,位居第二,其 RCA 指数一直超过 3.0 反映出嘉兴港的煤炭业务具有极强的比较优势。舟山港的市场占有率增加较明显,但其比较优势很弱;台州港与温州港的市场占有率变化不大,其比较优势较明显。总体上,煤炭的吞吐量结构分散,其中宁波港和嘉兴港的煤炭吞吐量较大,宁波港煤炭货种的比较优势不明显,而嘉兴港煤炭货种有极强的比较优势。

(2)石油及制品

宁波港在石油市场的占有率始终超过 54%,占有绝对优势;舟山排第二,宁波、舟山港的占有率之和超过 90%,市场占有率远高于嘉兴港、台州港、温州港。宁波港和舟山港的 RCA 指数大约 1.1,两个港口的比较优势一般,但也都高于嘉兴、台州、温州等港。这表明石油及制品主要集中在宁波港和舟山港。

(3)金属矿石

在金属矿石市场上,2007 年宁波港的占有率 62.6%,排在第一;舟山港为 37.1%,排第二。但舟山港的矿石业务发展十分迅猛,从 2010 年开始就超过宁波港,2012年舟山港的占有率为53.0%,比宁波港多7.2%。而且舟山港的*RCA*指数均超过1.6,一直高于宁波港的*RCA*指数,说明其在金属矿石方面具有较强的比较优势。嘉兴、台州、温州等港的矿石吞吐量非常小。因此,舟山港和宁波港基本垄断了浙江沿海港口体系的金属矿石市场。

(4)集装箱

集装箱市场上,宁波港处于浙江沿海港口体系龙头地位,虽然宁波港的市场占有率略有下降,但其占有率接近90%;而且*RCA*指数呈现上升的趋势,也是沿海港口中最高的,表明宁波港的集装箱业务具有很强的比较优势。嘉兴港的集装箱吞吐量增加很快,到2012年其绝对量和比较优势均排第二。2012年温州港的集装箱吞吐量和比较优势排第三。因此,集装箱主要聚集在宁波港,其余港口承接了少量的运量。

2. 浙江沿海港口的空间结构演化

宁波港,作为浙江省最大的港口,市场占有率一直位居第一。宁波港比较优势最大的是集装箱业务,主要由于21世纪以来宁波港把战略重点放在集装箱,港口投资主要集中在集装箱码头。而煤炭、石油、金属矿石等业务的市场占有率下降较多,其相对优势也不大,呈现出这些大宗散货从宁波港向周边港口转移的趋势。

舟山港发展迅猛,从2007年到2012年货物吞吐量增长1.3倍达到29099万吨,货物吞吐量仅次于宁波港。舟山港比较优势最大的货类是金属矿石,因为我国对矿石进口需求的增加刺激了超大型矿石船的发展,使得深水优势明显的舟山港占有先机。舟山港则抓住机遇,加紧码头建设,使吞吐能力得到很大提高。此外,舟山港也是浙江省沿海港口体系中石油及制品方面比较优势最大的港口。

嘉兴港发展较快,四种货类的市场占有率都有增长,其比较优势最大的货类是煤炭及制品。多年以来嘉兴港一直担负着杭嘉湖绍地区煤炭运输的重任,嘉兴港依托独特的"海河联运"和腹地内便利的航运条件,抓住煤炭等散货从上海向周边港口分流的机遇,从而实现了快速的发展。

在浙江沿海港口吞吐量从宁波港向周边港口扩散的过程中,温州港与台州港的吞吐能力也在提高,这两个港口比较优势最大的都是煤炭及制品。因为港口辐射区域对生产原材料的需求在扩大,温州港与台州港加快了码头基础设施建设,完善集疏运体系,吸引了大量的货源,从而促进了港口的发展。

本节小结

在浙江省海洋经济快速发展下,本节主要分析了从 2007 到 2012 年浙江沿海港口体系主要货类吞吐量结构的空间演变,整体上货物吞吐量结构趋于分散,各货类的集中度水平从高到低依次为集装箱、金属矿石、石油及制品、煤炭及制品。宁波港,作为浙江省最大的港口,集装箱的聚集效应十分显著,而大宗散货有向周边港口转移的趋势;舟山港对金属矿石与石油及制品的集聚趋势较明显;嘉兴港、台州港与温州港在煤炭及制品的比较优势最大。

4.3 浙江省沿海港口货物吞吐量预测

4.3.1 二次指数预测模型

港口预期的货物吞吐量对浙江省大宗商品物流中心规划与建设有重要影响。本节以浙江省宁波港、舟山港、温州港、嘉兴港、台州港组成的沿海港口体系为研究对象,预测其未来三年的货物吞吐量。浙江省沿海港口货物吞吐量历史数据是一个时间序列,其数据具有明显的长期性,同时也具有长期发展的趋势性。移动平均法、指数平滑法、趋势外推法等方法可用于预测浙江省沿海港口货物吞吐量,选用二次指数平滑法作为货物吞吐量预测方法。

指数平滑法的原理是对历史数据作加权平均,主要用于近期预测或短期预测,分析事件的发展方向和趋势,从而预测未来的发展趋势。其权重分别是 $\alpha, \alpha(1-\alpha), \alpha(1-\alpha)^2, \cdots$,公式为

$$S_t = \alpha(1-\alpha)^0 y_t + \alpha(1-\alpha)^1 y_{t-1} + \alpha(1-\alpha)^2 y_{t-2} + \cdots \tag{4.1}$$

上式可转化为一次指数平滑公式 $S_t^{(1)} = \alpha y_t + (1-\alpha)S_{t-1}^{(1)}$.

其中, $S_t^{(1)}$ 与 $S_{t-1}^{(1)}$ 表示第 t 期与 $t-1$ 期的一次指数平滑值, y_t 表示 t 期的实际值, α 为平滑系数。

初始值 y_0 和平滑系数 α 的选取对指数平滑法很重要。初始值 y_0 一般选用第一期的数值,或最初几期的平均值。α 值代表预测模型对时间序列数据变化的反应速度,α 值需根据具体情况,在 $0\sim1$ 之间做选择。α 值越大,预测结果对观察数据的近期变化较敏感;α 值越小,观察数据的早期数值对预测结果影响较大。实际应用时,选取多个 α 值来进行计算,再通过比较误差的方法来确定 α 值。

当时间序列的变动出现线性上升或下降趋势时,用一次指数平滑法预测会出现明显的滞后偏差。因此,需要进行修正。修正的方法是,在一次指数平滑的基础上,作二次指数平滑,利用滞后偏差的规律建立线性趋势模型。

用 $S_t^{(2)}$ 与 $S_{t-1}^{(2)}$ 表示第 t 期与 $t-1$ 期的二次指数平滑值,二次指数平滑法的公式为 $S_t^{(2)} = \alpha S_t^{(1)} + (1-\alpha)S_{t-1}^{(2)}$。

二次指数平滑法的预测模型为：

$$Y_{t+T} = a_t + b_t \cdot T \tag{4.2}$$

其中 Y_{t+T} 表示第 $(t+T)$ 期的预测值，截距 $a_t = 2S_t^{(1)} - S_t^{(2)}$，斜率 $b_t = \frac{\alpha}{1-\alpha}(S_t^{(1)} - S_t^{(2)})$。

4.3.2 二次指数预测模型的检验

通过模型得到预测结果后，需对预测结果进行检验，以判断预测模型的合理性与有效性，估计预测结果的准确性。通常情况下，根据预测结果与实际值的差别来进行检验，即绝对误差和相对误差的大小来衡量预测结果的准确性，预测的误差越小，则预测就越准确。常见的模型预测效果检验指标包括：

(1)预测误差

若实际观测值为 y_t，预测值为 y_t'，那么预测误差 e 等于 $y_t - y_t'$。

(2)相对误差

预测的相对误差 $\varepsilon_t = (y_t - y_t') / y_t$。

(3)均方误差

$$MSE = \frac{1}{n} \sqrt{\sum_{i=1}^{n} e_i^2}。$$

(4)平均绝对百分比误差

$$MAPE = \sum_{i}^{n} |\varepsilon_i| \Big/ n。$$

本节选择平均绝对百分比误差(MAPE)作为预测效果的检验指标。

4.3.3 沿海港口货物吞吐量预测

基于 2004—2012 年港口货物吞吐量数据，采用二次指数平滑法分别对 2013—2015 年浙江沿海港口的总货物、煤炭及其制品、石油及其制品和金属矿石的吞吐量进行预测。2004—2012 年港口货物吞吐量数据来自于 2005 年至 2013 年浙江省统计年鉴与中国港口年鉴,具体见表 4.10。

表 4.10　浙江省沿海港口货物吞吐量　　　　　单位:万吨

年份	总货物	煤炭及制品	石油及制品	金属矿石
2004	35946	4500	8980	8016
2005	42806	5656	10948	9339
2006	50017	7283	11286	11017
2007	56563	9038	11457	11500
2008	63737	10189	11889	13585
2009	71463	11570	12867	14228
2010	78847	14465	13921	15145
2011	86700	16070	15196	16404
2012	92760	16960	13789	18215

预测浙江省沿海港口总货物吞吐量时,一次指数平滑的初始值设为 2004 年的货物吞吐量,二次指数平滑的初始值设为 2004 年的一次指数平滑值。因为平滑系数 α 影响总货物吞吐量预测结果的准确性,分别检验 α 为 0.1、0.5、0.9 时的预测结果,选取预测误差 $MAPE$ 值最小的 α 作为预测模型的指数平滑系数。α 分别为 0.1、0.5、0.9 时,二次指数平滑预测模型的结果见表 4.11。

当 $\alpha=0.1$,预测模型的 $MAPE$ 值为 0.3401;当 $\alpha=0.5$,预测模型的 $MAPE$ 值为 0.0482;当 $\alpha=0.9$,预测模型的 $MAPE$ 值为 0.0110。α 等于 0.9 时,二次指数平滑预测的误差最小,因此选择 0.9 作为预测模型的平滑系数。

表 4.11　总货物吞吐量二次指数平滑预测模型

年份	总货物	$\alpha=0.1$	$\alpha=0.5$	$\alpha=0.9$
2004	35946			
2005	42806			
2006	50017	33036	42806	48769
2007	56563	36555	52475	57053
2008	63737	40848	60824	63219
2009	71463	45918	69019	70802
2010	78847	51748	77474	79062
2011	86700	58144	85468	86280
2012	92760	65102	93665	94466

二次指数平滑的预测模型的截距 $a_{2012}=92777$，斜率 $b_{2012}=6388.5$。由式(4.2)可得 2013 年、2014 年与 2015 年浙江沿海港口的总货物吞吐量预计为，

$$Y_{2013}=a_{2012}+b_{2012}\times 1=99165.5，$$

$$Y_{2014}=a_{2012}+b_{2012}\times 2=105554，$$

$$Y_{2015}=a_{2012}+b_{2012}\times 3=111942。$$

所以，2013—2015 年港口吞吐量二次指数平滑法预测的结果见表 4.12。

表 4.12　港口吞吐量二次指数平滑预测结果

年份	2013	2014	2015
吞吐量(万吨)	99165.5	105554	111942

类似地，估计浙江沿海港口的煤炭吞吐量时，α 分别取 0.1、0.5、0.9，二次指数平滑预测模型的结果见表 4.13。

表 4.13 煤炭吞吐量二次指数平滑预测模型

年份	煤炭吞吐量	$\alpha=0.1$	$\alpha=0.5$	$\alpha=0.9$
2004	4500			
2005	5656			
2006	7283	4731.3	5656.5	6581.7
2007	9038	5253.2	7572.1	8780.8
2008	10189	6047.4	9734.4	10749.8
2009	11570	6950.7	11252.0	11455.1
2010	14465	7991.0	12746.2	12921.8
2011	16070	9448.3	15720.7	17052.5
2012	16960	11000.0	17755.4	17886.9

当 $\alpha=0.1$,煤炭吞吐量预测模型的 $MAPE$ 值为 0.3980;当 $\alpha=0.5$,预测模型的 $MAPE$ 值为 0.0921;当 $\alpha=0.9$,预测模型的 $MAPE$ 值为 0.0589。当 α 等于 0.9 时,二次指数平滑预测的误差最小,因此选择 0.9 作为煤炭吞吐量预测模型的平滑系数。

二次指数平滑的预测模型的截距 $a_{2012}=16969$,斜率 $b_{2012}=1056.3$。可得到 2013 年、2014 年与 2015 年浙江沿海港口的煤炭吞吐量预计为

$$Y_{2013}=a_{2012}+b_{2012}\times1=18025,$$

$$Y_{2014}=a_{2012}+b_{2012}\times2=19081,$$

$$Y_{2015}=a_{2012}+b_{2012}\times3=20138。$$

所以,2013—2015 年浙江省沿海港口煤炭吞吐量二次指数平滑法预测的结果见表 4.14。

接着,估计浙江沿海港口的石油及其制品吞吐量时,α 也分别取 0.1、0.5、0.9,二次指数平滑预测模型的结果见表 4.15。

表 4.14 煤炭吞吐量二次指数平滑预测结果

年份	2013	2014	2015
煤炭吞吐量(万吨)	18025	19081	20138

表 4.15 石油吞吐量二次指数平滑预测模型

年份	石油吞吐量	$\alpha=0.1$	$\alpha=0.5$	$\alpha=0.9$
2004	8980			
2005	10948			
2006	11286	9373.6	10948	12522.4
2007	11457	9775.7	11778	11890.9
2008	11889	10150.8	12033.8	11702.9
2009	12867	10554.2	12385.9	12280.1
2010	13921	11089.7	13327.3	13728.9
2011	15196	11752.1	14501.5	14942.4
2012	13789	12565.3	15924.9	16422.2

当 $\alpha=0.1$ 时,石油吞吐量预测模型的 $MAPE$ 值为 0.1658;当 $\alpha=0.5$ 时,预测模型的 $MAPE$ 值为 0.0501;当 $\alpha=0.9$ 时,预测模型的 $MAPE$ 值为 0.0614。当 α 等于 0.5 时,二次指数平滑预测的误差最小,因此选择0.5作为石油及制品吞吐量预测模型的平滑系数。

此时,二次指数平滑的预测模型的截距 $a_{2012}=14323$,斜率 $b_{2012}=368.6$。可得到 2013 年、2014 年与 2015 年浙江沿海港口的石油及其制品吞吐量预计为

$$Y_{2013}=a_{2012}+b_{2012}\times1=14692,$$

$$Y_{2014}=a_{2012}+b_{2012}\times2=15060,$$

$$Y_{2015}=a_{2012}+b_{2012}\times3=15429。$$

所以,2013—2015 年浙江省沿海港口石油及制品吞吐量的二次指数

平滑法预测的结果见表 4.16。

表 4.16 石油吞吐量二次指数平滑预测结果

年份	2013	2014	2015
石油吞吐量(万吨)	14692	15060	15429

浙江沿海港口金属矿石吞吐量的二次指数平滑预测模型结果见表 4.17。

表 4.17 金属矿石吞吐量二次指数平滑预测模型

年份	金属矿石	$\alpha=0.1$	$\alpha=0.5$	$\alpha=0.9$
2004	8016			
2005	9339			
2006	11017	8280.6	9339	10397.4
2007	11500	8841.1	11347.7	12584.3
2008	13585	9413.5	12250.7	12207.0
2009	14228	10315.0	14373.3	15382.8
2010	15145	11206.5	15349.9	15115.8
2011	16404	12142.2	16230.6	16044.6
2012	18215	13182.0	17438.4	17591.4

当 $\alpha=0.1$ 时,金属矿石吞吐量预测模型的 MAPE 值为 0.2654;当 $\alpha=0.5$ 时,预测模型的 MAPE 值为 0.0487;当 $\alpha=0.9$ 时,预测模型的 MAPE 值为 0.0559。因此,选择 0.5 作为浙江省沿海港口金属矿石吞吐量预测模型的平滑系数。

此时,二次指数平滑预测模型的截距 $a_{2012}=18208.8$,斜率 $b_{2012}=1696.1$。于是,2013 年、2014 年与 2015 年浙江沿海港口金属矿石的吞吐量预计为

$$Y_{2013}=a_{2012}+b_{2012}\times 1=19905,$$

$$Y_{2014} = a_{2012} + b_{2012} \times 2 = 21601,$$

$$Y_{2015} = a_{2012} + b_{2012} \times 3 = 23297。$$

所以,2013—2015 年浙江省沿海港口金属矿石吞吐量的二次指数平滑法预测的结果见表4.18。

表 4.18　金属矿石吞吐量二次指数平滑预测结果

年份	2013	2014	2015
金属矿石(万吨)	19905	21601	23297

参考文献

[1] 贾怀勤.数据、模型与决策(第三版)[M].北京:对外经济贸易大学出版社,2012.

[2] 臧文亚.重庆港口吞吐量组合预测[D].成都理工大学,2012.

[3] Carter, R. E. A comparative analysis of United States ports and their traffic characteristics[J]. Economic Geography, 1962, 38(2): 162-175.

[4] Hayuth, Y. Rationalization and deconcentration of the US container port system[J]. The Professional Geographer, 1988, 40(3): 279-288.

[5] Rimmer, P. J. Recent changes in the status of seaports in the New Zealand coastal trade[J]. Economic Geography, 1967, 43(3): 231-243.

[6] 曹有挥,李海建,陈雯.中国集装箱港口体系的空间结构与竞争格局[J].地理学报,2004,59(6):1020-1027.

[7] 曹有挥,毛汉英,许刚.长江下游港口体系的职能结构[J].地理学报,2001,56(5):590-598.

[8] 陈春芳.长三角港口体系结构演变及分货种优势比较[J].水运工程,2011(6):54-60.

[9] 陈航.论海港地域组合的形成机制与发展过程[J].地理学报,1996,51(6):501-507.

[10] 俞海宏,葛洪磊.浙江省港口体系吞吐量结构的演变及其驱动因素分析[J].港口经济,2010(8):13-16.

[11] Taaffe E, Morrill R, Gould P. Transport expansion in underdeveloped countries：a comparative analysis[J]. Geographical Review. 1963, 53(4)：503-529.

[12] 王列辉.国外港口体系研究述评[J].经济地理.2007,27(2)：291-295.

[13] 杨静蕾,罗梅丰,吴晓皤.美国集装箱港口体系演进过程研究[J].经济地理.2012,32(2)：94-100.

[14] 吉阿兵.长三角集装箱港口群空间结构演变实证研究[J].港口经济.2013(3)：23-27.

[15] 寇令香,李东兵,刘玲玲.我国集装箱港口体系演进规律研究[J].经济地理.2012,32(12)：91-96.

[16] 王列辉,茅伯科.港口群制度合作模式的比选及对长三角的启示[J].社会科学.2010(6)：37-45.

[17] 张永庆,鲍宗客.长三角制造业产业空间转移实证研究[J].科技与经济.2010,23(1)：8-12.

[18] 夏永久,朱喜钢,储金龙.基于 ESDA 的安徽省县域经济综合竞争力空间演变特征研究[J].经济地理.2011,31(9)：1427-1438.

[19] 张晓兵,王美昌.关中—天水经济区县域经济差异及时空演变的空间统计分析[J].经济地理.2011,31(10)：1599-1603.

[20] 赵明华,郑元文.近10年来山东省区域经济发展差异时空演变及驱动力分析[J].经济地理.2013,33(1)：79-85.

[21] 刘万锋,张永锋,陈羽.构建长三角地区煤炭水运大格局[J].中国水运.2011(3)：18-19.

[22] 邵佳.城市规划视角下的海西石化物流中心规划问题探讨[J].物流工程与管理.2012,34(11):85-90.

[23] 吴桥.浙江省沿海港口体系主要货种吞吐量结构的演变[J].水运管理.2014,36(8):18-21.

第5章

浙江省港口大宗商品物流中心建设定位

确定宁波—舟山港、嘉兴港、台州港、温州港等港口在浙江省沿海港口体系中的地位和作用,有利于各港口之间进行合作与分工,形成分工合理、优势互补、竞争有序的港口格局,促进浙江省港口的协调发展。在第四章港口大宗商品吞吐量时空演变分析的基础上,本章综合分析影响港口物流中心建设的因素,给出浙江省各沿海港口的建设与发展定位,最后以宁波港为例分析港口与经济腹地间的关系演变。

5.1 港口物流中心建设的影响因素

现代经济的发展促进了港口物流的快速发展,而港口的发展是建立在一定生产要素的基础上,每个港口的发展规划需对现具备的生产要素进行分析。影响港口物流中心建设与发展的主要因素包括:

5.1.1 港口基础设施

港口物流中心建设依托于港口基础设施,港口基础设施包括港口锚地、港池、防波堤、航道、码头、泊位、库场,装卸和运输机械、动力设备、供电、供水、通信设备、港内铁路和道路等,这些基础设施从硬件设备上体现着港口生产能力,影响着港口发展的潜力。常用的港口基础设施衡量指标包括码头泊位数量、深水泊位数量、码头泊位长度等。

此外,港口设施中起重设备和仓储设备的总能力及单位设备的最大能力用来反映设备的规模,同时反映设备的作业效率。机械作业效率直接关系到车船在港停留时间,进而影响到运输总成本。硬件设施条件是船公司和货主选择港口时所考虑的主要因素。

5.1.2　集疏运网络

集疏运网络系统包括港口所在区域的运输网络和物流中心内部的运输网络。集疏运网络系统直接影响着港口物流中心货物运送的效率,其主要内容就是各种运输流的运行径路和各种运输组织方式的有机结合。

集疏运网络对港口的物流效率起着重要的作用。因为港口物流对时间十分敏感,降低货物在港口所在区域的停留时间有助于降低物流成本。完善的集疏运系统可以保证港口物流运营的效率。

5.1.3　腹地经济

经济和社会发展是交通运输业发展的依据,港口腹地经济的状况直接决定港口物流业务量与港口吞吐量。腹地各产业发展状况直接影响着港口物流的结构和规模;港口所依托的港口城市对港口起着更大的影响,是否有大城市和城市群为依托是港口物流进一步发展的重要因素;整个腹地的社会生产力水平从根本上决定了港口物流的规模与发展水平。

5.1.4　政府政策

政府政策主要是指港口所在国或所在地区的各级政府和部门制定的有利于该港口经济发展的政策、法规,引导和促进资源配置的政策措施。

政府政策往往是推动或制约港口物流发展的关键因素。

5.1.5　港口综合服务

港口物流业的发展不仅需要良好的基础设施配套,而且需要完善的港口综合服务。现代港口发展所需的综合服务包括海关、边防、检验检疫、仲裁、金融、保险、贸易、保税、海事等服务。

表 5.1　港口物流中心建设影响因素

维　度	主要指标
港口基础设施	码头泊位数量 码头泊位长度
港口腹地经济	直接腹地 GDP 港口城市第三产业增加值
集疏运能力	港口城市公路通车里程 高速公路里程 水路货运净载重量
政府政策	核准的新项目 验收完成的项目

基于港口数据的可得性,分析影响浙江省沿海港口物流中心建设时主要考虑了表 5.1 所列的指标。

港口基础设施选用文献中常用的码头泊位数量与码头泊位长度。

港口集疏运能力选用港口城市公路通车里程、高速公路里程与水路货运净载重量。

腹地经济对港口物流的支持作用是十分明显的,而其中港口直接腹地 GDP 和港口城市第三产业占 GDP 比重又与物流量的关系十分密切。

政府政策包括国家或地方各级政府审批的新项目、验收完成的项目等。

5.2 浙江省港口物流中心建设条件

港口基础设施、港口集疏运能力、腹地经济以及政府政策等因素直接影响港口物流中心的建设与发展。一个港口的生产能力通常用港口货物吞吐量(或港口集装箱吞吐量)表示。港口货物吞吐量,指货物经由港区进出并装卸的总吨位,货物吞吐量的大小可以反映出港口实际承接货物的能力。

宁波—舟山港是我国沿海的枢纽港和集装箱干线港。2012 年,宁波—舟山港港口生产稳步上升。宁波港域货物吞吐量 4.53 亿吨,同比增长 4.5%;其中外贸货物吞吐量 2.45 亿吨,集装箱吞吐量 1567 万 TEU,货物吞吐量和集装箱吞吐量均位居全国第三位。舟山港域完成货物吞吐量 2.91 亿吨,同比增长 11.7%;其中外贸货物吞吐量 9816.5 万吨,同比增长 14.5%,集装箱吞吐量 50.34 万 TEU,同比增长 143.4%。

2012 年嘉兴港完成货物吞吐量 6004 万吨,同比增长 14.2%。其中外贸完成 735 万吨,同比增长 23.6%;装卸集装箱 75.1 万 TEU,同比增长 45.9%。

2012 年温州港完成货物吞吐量 6997 万吨,同比增长 15.9%。其中外贸货物吞吐量 492.56 万吨,同比增长 10.3%;集装箱吞吐量 51.75 万 TEU,同比增长 10.3%。

2012 年台州港完成港口货物吞吐量 5358 万吨,同比增长 5.1%。其中外贸吞吐量 939.3 万吨,同比减少 4.4%;集装箱吞吐量 15.1 万 TEU,同比增长 11.9%。

5.2.1 宁波—舟山港宁波港域

1. 基础设施[①]

宁波港域地处我国大陆海岸线中部,位于长江航道"T"型结构的交汇点上,自然条件得天独厚,港域"水深流顺风浪小",主要进港航道水深在22.5米以上,30万吨级巨轮可自由进出港,40万吨级以上的超级巨轮可候潮进出。

全港由北仑、镇海、大榭、穿山、梅山、甬江等港区组成,截至2012年底,宁波港域有生产泊位313个,其中万吨级以上大型泊位85个,是中国大陆大型和特大型深水泊位最多的港口。

表 5.2　宁波港域基础设施情况

	公司	经营种类	泊位吨级（万吨）	码头长度（米）	泊位数（个）
北仑港区	北仑第二港埠分公司	散杂货、化肥、煤炭、多用途	0.7—10	1702	6
	北仑第二集装箱码头分公司	集装箱	7.0—15.0	1238	4
	北仑国际集装箱码头有限公司	集装箱	10	900	4
	北仑矿石码头分公司	金属矿石	2.5—20	1788	6
穿山港区	宁波港吉码头经营有限公司	集装箱	15	1700	5
	宁波远东码头经营有限公司	集装箱	15—20	1710	5
	中宅煤炭码头	煤炭、矿石	5—20	872	2

① 宁波港股份有限公司 http://www.nbport.com.cn

续表

公 司		经营种类	泊位吨级（万吨）	码头长度（米）	泊位数（个）
大榭港区	大榭国际招商码头有限公司	集装箱	10—15	1500	4
	大榭实华原油码头	原油	6.8—45.0	1244.5	3
	大榭油品码头	原油	8	337	1
	大榭中油码头	原油	30	490	1
镇海港区	镇海港埠分公司	煤炭、杂货、集装箱、液化产品、成品油	0.3—5.0	3965	23
甬江港区	镇海港埠分公司宁波经营部	杂货	0.3—0.5	498	5
梅山港区	梅山集装箱码头1#～5#泊位	集装箱	10—15	1800	5

2. 集疏运能力

宁波港域区位优势明显，已基本形成高速公路、铁路、航空和江海联运、水水中转等全方位立体型的集疏运网络。截至2012年底，宁波市拥有公路运输总里程数10661公里，其中高速公路463公里；拥有水路运输货船630艘，其中内河21艘、沿海601艘、远洋8艘，净载重量565.7万吨。宁波港域集装箱航线合计235条，其中干线120条、近洋支线63条、内支线20条、内贸线32条，月均航班达1399班。

3. 腹地经济

宁波港域直接经济腹地——宁波市2012年实现地区生产总值6582亿元，其中第三产业增加值2796亿元。

4. 政策导向

2012年5月,亚洲最大的原油码头——宁波实华原油码头有限公司45万吨级码头泊位通过验收,正式对外开放。

2012年6月,宁波港与马士基合资在梅山保税港区设立码头公司。

2012年12月,宁波港口主要集装箱码头实现智能闸口"全覆盖"。

5.2.2 宁波—舟山港舟山港域

1. 基础设施[①]

舟山港域位于浙江省舟山群岛舟山市,地处长江三角洲和东部沿海要冲,是长江三角洲综合运输网的重要节点。舟山港域区位、资源、产业等综合优势明显,是浙江省海洋经济发展的先导区和长三角地区海洋经济发展的重要增长极。全港由定海、老塘山、马岙、金塘、沈家门、六横、高亭、衢山、泗礁、绿华山、洋山港区等港区组成。港口开发加快,资源集约利用程度不断提高,万吨级泊位快速增长,2010年底万吨级泊位总数41个,其中25万吨级码头泊位5个。

2. 集疏运能力

因陆岛阻隔,不能直接共享大陆集疏运网络资源,舟山港域的集疏运模式,至今仍然停留在以水—水转运与水—管道转运为主、辅以水—陆联运、极少水—空联运的海岛型港口集疏运格局。截至2012年底,舟山市公路运输总通车里程数1801.7公里,其中高速公路32.1公里;拥有水路运输货运船1533艘,净载重量505.04万吨。

3. 腹地经济

舟山港域直接经济腹地——舟山市2012年实现地区生产总值

---

① 舟山港航网 http://www.zsport.com.cn

851.95 亿元,全市第三产业实现增加值 383.48 亿元。

4. 政策导向

2012 年 7 月,国家发改委正式核准宁波—舟山港衢山港区鼠浪湖岛矿石中转码头项目。

2012 年 9 月,黄泽山石油中转储运项目初步设计通过交通运输部水运局组织的审查,码头设计年通过能力为 2880 万吨。

2012 年 12 月,舟山液体化工品中转基地工程项目码头工程通过了由省交通运输厅组织的竣工验收,码头设计年通过能力 350 万吨。

2012 年 12 月,西蟹峙石油储运工程通过交通运输部竣工验收。

5.2.3　嘉兴港

1. 基础设施①

嘉兴港于 1986 年开始启动建设,1992 年正式开港,系国家一类开放口岸,为浙北地区唯一出海口。经过二十多年的建设发展,嘉兴港已形成了公用、专用泊位相配套、中小泊位齐全、集装箱、散杂货及油品装卸功能齐全的综合性港口。全港共分为乍浦、独山、海盐三大港区,截至 2012 年底,共拥有码头泊位 36 个,其中万吨级以上 26 个,千吨级 10 个。其中,乍浦港区在嘉兴港三大港区中发展最为完善,基础性、公共性、服务性功能最为突出,港口货物吞吐量占全港 70％以上,集装箱装卸量占全港 100％。

2. 集疏运能力

嘉兴港将通过"点、线、面"的规划建设,构建海河相连、水陆配套、分工协作的立体式集疏运体系,着力提升港口辐射腹地的能力。2012 年嘉兴市公路运输总通车里程数 7863 公里,其中四级以上公路 7730 公里,高速

---

① 嘉兴港 http://www.zhapu.gov.cn

公路 348 公里;内河通航里程 1949 公里;拥有水路运输货运船 4292 艘,净载重量 94.64 万吨。

3. 腹地经济

嘉兴港直接经济腹地——嘉兴市 2012 年实现地区生产总值 2884.94 亿元,全市第三产业实现增加值 1114.07 亿元。

4. 政策导向

2012 年 2 月,嘉兴港海盐港区与乍浦港区 3 个泊位工程通过竣工验收。海盐港区泊位工程建设规模为新建 5000 吨级散杂货泊位 1 个,乍浦港区建设规模为建设 3 万吨级石化泊位 1 个,并兼靠 2 艘 3000 吨级化学品船同时靠泊的要求。

2012 年 4 月,嘉兴独山煤炭中转码头正式开工建设,设计年吞吐能力 3000 万吨。

2012 年 5 月,嘉兴港开通省内首条集装箱海河联运航线。

5.2.4　台州港

1. 基础设施

位于浙江省东南沿海中部,处于长三角港口群,是浙江沿海地区性重要港口,我国对外开放的一类口岸,承担腹地经济发展能源物资、原材料的中转运输,是集装箱运输的支线港和对台贸易的重要口岸,具备装卸储存、中转换装、临港工业开发、现代物流、综合服务、城市景观等功能,是民营化特色明显的综合性港口。台州港由大麦屿、临海、海门、黄岩、温岭、健跳六大港区组成,六港区功能明确、优势互补。截至 2012 年底,台州港共有码头泊位 174 个,泊位长度 11325 米,其中万吨级以上泊位 7 个。[①]

---

① 杜麒栋主编.2013 年中国港口年鉴.上海:中国港口杂志社出版,2013 年 9 月

2. 集疏运能力

台州港公路集疏运系统主要依托甬台温高速公路、104 国道等,内河集疏运主要通过一江一河六线完成。2012 年台州市公路运输总通车里程数 11910 公里,其中等级公路 11681 公里,占公路总里程的 98.1%,高速公路 298 公里;水路运输船舶共计 623 艘,全部为沿海运输船舶,净载重量 344 万吨。

3. 腹地经济

台州港直接经济腹地——台州市 2012 年实现地区生产总值 3153.34 亿元,全市第三产业实现增加值 1424.49 亿元。

4. 政策导向

2012 年 7 月,大麦屿港区对台直航客货滚装码头工程可行性研究报告通过评审。

2012 年 8 月,浙江台州第二发电厂新建工程项目通过核准,新建 1 座 3.5 万吨级卸煤码头,1 个 3000 吨级综合泊位,新开辟 3.5 万吨级进港航道。

5.2.5　温州港

1. 基础设施[1]

温州港地处浙江南部、东南沿海黄金海岸线中部,是全国二十五个主要港口之一和国家重要枢纽港。根据交通运输部和浙江省政府批准的《温州港总体规划》,温州港划分为七个港区,包括状元岙港区、乐清湾港区、大小门岛港区等三大核心港区以及瓯江港区、瑞安港区、平阳港区、苍南港区等四个辅助港区。截至 2012 年底,温州港共有码头泊位 237 个,泊位长度

---

[1]　温州港 http://www.wzport.com

16516 米。

2. 集疏运能力

温州港集疏运能力有限,需克服集疏运配套不完善的困难,充分发挥状元岙深水泊位和龙湾进港铁路优势,继续扩大"水水中转,水铁联运"业务;整合并发展集装箱内支线业务,为开辟干线集聚货源。2012 年底,公路运输总通车里程 14348 公里,其中高速公路 289 公里。温州港在适度发展集装箱运输的同时,应下力气发展粮食、煤炭、原油、钢铁、水泥等大宗散货的集疏运。

3. 腹地经济

温州港直接经济腹地——温州市 2012 年实现地区生产总值 4003.86 亿元,全市第三产业实现增加值 1872.99 亿元。

4. 政策导向

2012 年 10 月,浙江省发改委批复了乐清湾进港航道一期工程初步设计,在已开通的 5 万吨级双向航道基础上,按 10 万吨级散货船单项乘潮通航标准建设。

港口基础设施、集疏运网络、直接经济腹地、政府政策等主要因素将影响一个港口的发展与定位。因此,分别对浙江省沿海港口的基础设施、集疏运网络、直接经济腹地以及政策导向做总结比较,然后给出每个港口的发展定位。

生产用码头泊位数量与码头泊位长度反映了一个港口的货物吞吐能力。浙江省沿海港口体系中宁波港域的生产用码头泊位数最多,有 313 个,且码头泊位长度最长,港口的生产能力最强;其次是舟山港域;而嘉兴港的泊位数最少、码头泊位长度最短。

表 5.3　　2012 年浙江省码头泊位统计表

港口	生产用码头泊位数(个)	泊位长度(米)
宁波港	313	45814
舟山港	289	30031
嘉兴港	36	7463
台州港	174	11325
温州港	237	16516
沿海港口合计	1049	111149

表 5.4　　2012 年浙江省港口集疏运网络

港口城市	公路通车里程(公里)	高速公路里程(公里)	水路货运净载重量(万吨)
宁波市	10661	463	565.7
舟山市	1801.7	32.1	505.04
嘉兴市	7863	348	94.64
台州市	11681	298	344
温州市	14348	289	123.9

港口城市的高速公路里程数与水路货物运输净载能力反映了一个港口的集疏运能力。浙江省沿海港口体系中宁波市的高速公路里程是 463公里,最长;其次为嘉兴市;舟山市的高速公路里程最短。水路货物运输能力方面,宁波市也是最高的、水路货运净载重 565.7 万吨,舟山市其次。

腹地经济发展水平很大程度上决定了港口物流的规模。浙江省沿海港口的直接经济腹地中宁波市的地区生产总值最高,6582 亿元;其次为温州市;舟山市的地区生产总值最低。2012 年各港口重点建设的项目各不相同,宁波港主要是原油与集装箱码头项目;舟山港主要为矿石与石油码头项目;嘉兴港为煤炭与集装箱码头项目;台州港和温州港主要为煤炭码头项目。

表 5.5　2012 年浙江省港口直接经济腹地情况

港口城市	地区生产总值（亿元）	第三产业增加值（亿元）
宁波市	6582	2796
舟山市	851.95	383.48
嘉兴市	2884.94	1114.07
台州市	3153.34	1424.49
温州市	4003.86	1872.99

表 5.6　2012 年浙江省港口政策导向

港　口	有关政策
宁波港	亚洲最大的原油码头通过验收； 主要集装箱码头闸口智能化
舟山港	矿石中转码头项目通过核准； 石油中转储运项目设计通过审查； 液体化工品中转项目通过竣工验收
嘉兴港	散杂货、石化等三个泊位工程通过竣工验收； 煤炭中转码头开工建设； 省内首条集装箱海河联运航线开通
台州港	客货滚装码头工程可行性报告通过评审； 卸煤码头项目通过核准
温州港	散货船进港航道一期工程初步设计通过

5.3　浙江省港口物流中心建设定位

　　基于以上对宁波—舟山港宁波港域、舟山港域、嘉兴港、台州港以及温州港港口物流中心建设条件的比较分析，并结合第四章浙江省沿海港口体系主要货类吞吐量结构分析，浙江省港口物流中心建设中各港口的定位如下：

5.3.1 宁波—舟山港宁波港域

现代化国际深水枢纽港，大宗商品的集散中心，亚太地区重要的国际港口物流中心和资源配置中心。

宁波港域基础设施条件良好，拥有全方位立体型的集疏运网络，且宁波地区的生产总值在浙江省沿海地区中最高。宁波港域集装箱业务的比较优势最大，而且在煤炭及制品、石油及制品以及金属矿石等大宗商品业务方面市场占有率也较高。

宁波市将通过重点实施港口扩能、集疏运畅通、腹地拓展、港口资源要素配置、智慧港口建设、金融支撑、口岸通关等十大工程，实现从世界大港到国际强港的转变。

5.3.2 宁波—舟山港舟山港域

长三角及长江沿线地区能源与原材料等大宗商品枢纽港。

舟山港域的自然条件优越，基础设施条件较好，但舟山港域的集疏运能力有限，舟山地区的生产总值较低。舟山港域货物多为大宗散货，所以，舟山港定位以大宗散货为核心的港口，重点发展转口贸易，可以实现错位发展。

5.3.3 嘉兴港

浙北地区煤炭、油品等能源专业性港口，集装箱支线港。

嘉兴港口资源较丰富，内河航运发达、集疏运条件较好，嘉兴港煤炭及制品业务的比较优势最大。地处上海港和宁波—舟山港这两个国际大港之间，对腹地经济的辐射能力有限，嘉兴港定位为"最佳配角港"，实行错位发展、合作发展。

5.3.4　台州港

浙中南闽北地区对外交往的重要口岸,煤炭等能源物资专业性港口。

台州港比较优势最大的业务是煤炭及制品。台州港主要为台州对外贸易及大宗散货、集装箱货物运输服务,积极参与地区港口分工,为浙江中部、南部,浙赣铁路沿线省份以及华中地区经济发展服务。

5.3.5　温州港

浙西南闽西北重要的区域性枢纽港,大宗商品的集散中心。

温州港比较优势最大的业务也是煤炭及制品。温州港基础设施相对薄弱,集疏运系统不够完善,对内陆经济腹地的辐射能力有限,但温州地区的生产总值较高。温州港需要与周边港口(上海港、宁波港、舟山港、台州港等)合理协调与分工,培育自身港口的核心竞争力。

在浙江省大力发展海洋经济的背景下,构建科学合理的港口体系是浙江省港口大宗商品物流中心建设的需要,科学合理的港口体系是促进我省海洋经济发展的主要载体。明确浙江省沿海各港口的定位,加强浙江省各港口之间的协调,有助于促进港口间良性、有序发展。港口之间的分工与协作,有利于港口向专业化、集约化、规模化方向转变,以实现根据地区经济发展状况、航运运输市场需求,以及各港口比较优势,将需求在各港口间实施动态调整分配。

5.4　港口与经济腹地关系演变分析

通过浙江省最大港口宁波港与浙江经济腹地的关系演变分析,了解港口与腹地空间结构关系,从而为港口与城市之间的协调发展提供一定启示。

5.4.1 港口与经济腹地空间关联度测度

1. 指标体系与数据收集

港口与腹地是一个复杂的系统,经济社会中生产要素的互动是港口与腹地联系的纽带。将港口与腹地系统分为港口子系统与腹地子系统,经过对现有文献的梳理,并考虑到数据的代表性和可收集性,选取的经济社会指标如表 5.7。其中 X_1、X_2 表示港口的发展规模,X_3—X_{12} 表示腹地经济发展水平。

表 5.7 港口腹地系统指标体系

经济系统	变量	指标含义
港口子系统	X_1	港口货物吞吐量
	X_2	集装箱吞吐量
腹地子系统	X_3	客运总量
	X_4	货运总量
	X_5	常住人口
	X_6	地区生产总值
	X_7	第二产业比重
	X_8	第三产业比重
	X_9	固定资产投资额
	X_{10}	实际利用外资额
	X_{11}	社会消费品零售总额
	X_{12}	城市化率

本节研究宁波港与浙江省经济腹地之间的关联度,选择港口货物吞吐量 X_1 作为港口子系统的发展程度,选择 X_3—X_{12} 作为腹地子系统的发展程度。浙江省经济腹地分为杭州、嘉兴、湖州、绍兴、宁波、舟山、温州、台州、金华、衢州、丽水等 11 个城市,分析 2005—2012 年宁波港—浙江经济腹地间的关联度特征[①]。数据来源于 2006—2013 年浙江省统计年鉴以及各城市统计年鉴。

2. 研究方法

在不同的发展阶段,港口与腹地间相关发展的程度和作用方式不同,许多因素之间的关系是灰色的,指标间的信息既不完全独立也不完全重复,很难用相关系数精确地度量两者间关联度的客观大小。而灰色关联分析是将系统中存在的各种已知、未知或不完全已知的因素进行关联,以一定的方法量化描述系统中各指标因素之间的关系。因而选用灰色关联分析方法,定量分析港口与腹地系统的关联程度。

灰色关联分析步骤如下:

(1)确定参考序列和比较序列

参考序列记为 X_0,记第 1 个时刻的值为 $X_0(1)$,第 2 个时刻的值为 $X_0(2)$,第 k 个时刻的值为 $X_0(k)$。因此,参考序列可表示为 $X_0 = \{X_0(1), X_0(2), \cdots, X_0(n)\}$。本节中参考序列为港口子系统的港口货物吞吐量指标。

关联分析中比较序列常记为 $X_1, X_2, X_i, \cdots, X_m$,与参考序列类似,比较序列可表示为 $X_1 = \{X_1(1), X_1(2), \cdots, X_1(n)\}$,$X_2 = \{X_2(1), X_2(2), \cdots, X_2(n)\}$,$X_m = \{X_m(1), X_m(2), \cdots, X_m(n)\}$。本节中比较序列为腹地子系统的各指标。

---

① 具体数据参考附录 4。

（2）数据无量纲化处理

由于各序列的原始数据量纲不一致，在计算关联系数之前需要对原始数据进行无量纲处理。采用标准化值无量纲处理方法。

$$x_0(k) = \frac{X_0(k) - \min X_0(k)}{\max X_0(k) - \min X_0(k)},$$

$$x_i(k) = \frac{X_i(k) - \min X_i(k)}{\max X_i(k) - \min X_i(k)}.$$

（3）计算参考序列和比较序列之间的关联系数

$$\xi_{0i}(k) = \frac{\Delta(\min) + \rho\Delta(\max)}{|x_0(k) - x_i(k)| + \rho\Delta(\max)}$$

式中 $\xi_{0i}(k)$ 是第 k 时刻比较曲线与参考曲线的相对差值，称为 x_i 对 x_0 的关联系数。ρ 为分辨系数，取值在 0 到 1 之间，本节在计算过程中取 0.5。

式中　　　　　　$\Delta(\min) = \min_i(\min_k |x_0(k) - x_i(k)|),$

$$\Delta(\max) = \max_i(\max_k |x_0(k) - x_i(k)|).$$

（4）计算综合关联度

关联系数很多，信息过于分散，对各个时刻关联系数进行综合分析。

$$r(k) = \frac{1}{p \times m} \sum_{j=1}^{p} \sum_{i=1}^{m} \xi_{0i}(k)$$

式中 $r(k)$ 为港口子系统与腹地子系统的综合关联度，p 为港口子系统的指标数，m 为腹地子系统的指标数。$r(k)$ 越大，表明港口与腹地之间的关联度越强。

5.4.2　宁波港—浙江经济腹地空间关联度分析

宁波港—浙江经济腹地关联度计算结果见表 5.8。表 5.9 与表 5.10 分别表示 2005—2008 年与 2009—2012 年港口与腹地平均关联度的空间分布情况。由关联度分析结果可以得出：

表 5.8 2005—2012 年宁波港—浙江经济腹地关联度

年份	2005	2006	2007	2008	2009	2010	2011	2012
杭州	0.9333	0.7716	0.7436	0.7753	0.7406	0.7705	0.8397	0.9333
宁波	0.9082	0.7843	0.7653	0.7577	0.7501	0.6867	0.7865	0.8667
嘉兴	0.8655	0.7409	0.7020	0.7257	0.7642	0.7689	0.7944	0.8696
湖州	0.9251	0.7718	0.7436	0.7319	0.7372	0.7582	0.7937	0.8866
绍兴	0.8468	0.7343	0.6683	0.6958	0.7245	0.7106	0.7286	0.8265
金华	0.8288	0.7090	0.6715	0.6903	0.7509	0.6979	0.7133	0.8291
衢州	0.8373	0.7429	0.7446	0.6867	0.7130	0.7583	0.7144	0.7935
舟山	0.9333	0.7871	0.7317	0.6936	0.7210	0.7331	0.8211	0.9302
温州	0.8276	0.6755	0.6666	0.7183	0.6466	0.6465	0.7188	0.8200
台州	0.8976	0.7414	0.6802	0.6847	0.7013	0.7411	0.7696	0.9333
丽水	0.9067	0.6847	0.6769	0.6345	0.6510	0.6718	0.6650	0.8250

表 5.9 2005—2008 年宁波港与浙江经济腹地平均关联度空间分布

2005—2008 年平均关联度	腹地城市
0.7220—0.7257	金华、丽水、温州
0.7258—0.7363	绍兴
0.7364—0.7585	台州、嘉兴、衢州
0.7586—0.8060	杭州、宁波、湖州、舟山

表 5.10 2009—2012 年宁波港与浙江经济腹地平均关联度空间分布

2009—2012 年平均关联度	腹地城市
0.7032—0.7080	丽水、温州
0.7081—0.7478	绍兴、金华、衢州
0.7479—0.7863	宁波、台州
0.7864—0.8210	杭州、嘉兴、湖州、舟山

(1)2009—2012 年与 2005—2008 年相比，大部分腹地区域与宁波港

的平均关联度增加,但宁波、衢州、温州和丽水地区与宁波港的关联度下降。

随着社会经济的快速发展和技术的进步,腹地交通网络的密度增大,出现多条连接港口与腹地的交通经济带,加强了宁波港与腹地城市间的联系。如 2008 年通车的杭州湾跨海大桥连接了宁波市与嘉兴市。但是,宁波港与宁波市的关联度呈下降趋势,从 2005—2008 年的 0.8039 降到 2009—2012 年的 0.7725,港城关系进入停滞期。港口和城市的发展使得原有的港区与城市发展在空间用地、环境污染等方面的矛盾凸显出来,阻碍了港口—腹地系统的进一步发展,导致系统空间演变进入停滞期。

受到浙江省沿海港口竞争的影响,宁波港与温州、丽水和衢州地区的关联度均下降。自 2008 年 6 月温州港新一轮总体规划由交通运输部和浙江省政府联合批准,温州港着力优化港口布局、调整功能结构,实施瓯江时代向东海时代跨越的发展战略。而且,温州港加强了与周边丽水、衢州等地区的合作,携手实现双赢。

(2)2005—2008 年与宁波港平均关联度最高的地区为杭州、宁波、湖州和舟山地区,其次为台州、嘉兴和衢州地区,再次为绍兴地区,最低为金华、丽水和温州地区。

(3)2009—2012 年平均关联度整体上出现由北至南递减的现象。最高的地区分布在浙江北部的杭嘉湖地区和舟山地区,其次为宁波、台州、绍兴、金华、衢州地区,最低为温州、丽水地区。

参考文献

[1] 方奕,乐美龙.港口物流现状及发展思考[J].中国航海,2003(2):
  38—41.

［2］员丽芬.港口物流效率测度研究——以国际贸易港为例［D］.中国海洋大学硕士论文,2010.

［3］董晓菲,王荣成,韩增林.港口—腹地系统空间结构演化分析——以大连港—辽宁经济腹地系统为例［J］,经济地理,2010,30(11)：1761—1766.

［4］于子晴,曹小曙,柳婕妤.1990—2010年中国主要港口与港城发展及其关联度特征研究［J］.现代城市研究,2014(5)：116—120.

第6章

浙江省港口大宗商品物流中心建设内容

科学规划的港口大宗商品物流中心能为浙江省经济社会的发展提供有力支撑。综合分析国际形势和我国外贸、能源进出口需求发展，对浙江省货物生成量和中转量进行研究，处理好周边港口发展关系，为各港区规划建设提供有力依据。因此，基于第三章、第四章与第五章的研究，浙江省港口大宗商品物流中心建设主要内容包括以下四个方面：一是港口基础设施建设，包括码头、堆场等；二是集疏运网络规划；三是大宗商品交易市场建设与发展；四是配套服务支撑体系，包括金融、信息和物流等服务。

6.1　港口基础设施建设

大宗商品由于其本身的物理特性和化学特性，物流体系离不开港口码头的支撑。港口码头作为连接整个物流体系的重要节点，其规划建设随着其功能用途的不同而具有不同的特点和要求。大宗商品运输主要涉及的货物包括石油化工、煤炭、金属矿石、钢材以及农产品（主要是粮食），因此港口码头要根据以上货类的物理特性和化学特性进行选址规划和建设，配备相应的基础设施和设备。

目前，浙江省港口体系运输与中转的大宗商品，包括干散货类商品（煤炭、粮食、金属矿石矿砂等）、液体散货（石油化工）以及件杂货（钢材）。浙江省大宗商品主要码头布局见表 6.1。

表 6.1　浙江省大宗商品主要码头布局

码头类别	布局位置
原油码头	镇海、算山、北仑、大榭、岙山、册子等
石油及液体 化工码头	镇海、马岙和六横等
铁矿石码头	北仑、马迹山、凉潭、衢山等
煤炭码头	镇海、象山、六横等
粮食码头	老塘山、镇海等

　　干散货运输的特点主要有航线集中、货主集中度越来越高、货物特性单一。港口码头在整个运输体系中有重要的衔接作用。一般来说，散货运输系统主要可分为下列两种：

　　模式一，货主码头——海上运输——货主码头；

　　模式二，货主——内陆运输（水运、铁路）——码头（货主码头、公共码头）——海上运输——码头（货主码头、公共码头）——货主。

　　大宗液体散货一般采用管道运输，液体散货码头是采用管道装卸和输送的专业码头。液体散货码头装卸工艺单一，没有移动式的装卸设备和大量车辆行驶的情况。液体散货码头平面布置型式应根据运输货物的性质、码头的吞吐量、靠泊船型的特点、业主对码头使用功能的要求等因素综合分析来确定。合理的平面布置不仅能节省投资，还可以充分利用宝贵的岸线资源，提高码头使用的灵活性、安全性和可操作性，最大可能地满足企业的生产发展需要。

　　件杂货是三类货物中装卸工艺最为复杂的一种货物。以钢材为例，包括板材、线材、型材、钢板等各种不同类型的钢材，这为码头规划、专用工具的配备等带来了更多要求和限制。

6.1.1 石化码头规划与建设

1. 石化液体码头特点

石油及其产品、液化石油气、天然气和液体化工材料等大宗液体散货，由于具有易燃易爆、易蒸发、易产生静电、毒性等特点，使其储运、装卸过程带有一定的危险性。操作过程若有不当，会对人体和环境都会产生较大的危害。因此，石化类液体货物的装卸、转运、储存都需要专业泊位、储罐及管线设施、金属软管或输油臂、泵等生产设施，以及其他消防、环保等配套设施。操作人员的防护服装、生产工具要满足防静电、防爆的要求。

石油（油品）码头对码头前沿水域风浪控制的要求高于普通货种码头，防波堤设置的要求也高于普通货种码头。由于装载石油（油品）的船舶一般吨位都很大，故装卸码头前沿水域面积应更大一些，水深也应更深一些。另外，由于石油本身的特性，要求石油（油品）装卸作业区与其他的装卸作业区分开，并且其装卸码头应与其他码头或公路桥梁等建筑保持一定的安全距离。

液化气的危险性和出险后的危害性比一般货物严重很多，所以液化气码头具有更高的要求。在选址上，液化气码头要尽量接近接收货物的陆地工厂，减少输送管道的长度；码头、航道都要有足够的水深，要有完善的防风浪设施，要尽可能避免对环境和自然资源的影响。

2. 浙江省港口石化码头建设

我国正处在石油消费快速增长时期，大量的消费需求产生了对石油运输较大的需求。2012年浙江省沿海港口石油及制品的吞吐量是13789万吨，到2015年预计将增长到15429万吨。目前，浙江省沿海港口可继续利用现有镇海、岙山、册子岛、洋山等地的良好基础，并大力发展六横南侧港

域,推动油品物流网络构建。具体的规划及建设方式如下:

(1)宁波镇海港区基础设施较为完备,具备船—船—罐—汽车(火车)联运和油罐等多种功能,可以进一步加强镇海港区基础设施建设,充分利用现有基础设施,开发杭甬运河的运输作用,建设镇海石油(油品)及液体化工品的转运中心。

(2)舟山已成为全国最大的油品储运基地,各类基础设施较为完善,建成或在建的国家及各大石油化工企业项目共十个之多。大力推进中石化册子原油码头二期、国家原油储备基地二、三期、岙山万向油品、光汇外钓油品、黄泽山石油中转、双子山油品基地、本岛北部石化物流基地等重大项目建设,合理布局和控制大型油品泊位,拓展油品中转、贸易等业务。

(3)嘉兴港、台州港和温州港都有一定的设施基础,但集疏运能力较弱,石化产业也未形成,可以考虑开发利用内河河道,成为交易流通渠道,辅助主要港口成为海运—铁运—陆运—内河运输—公路运输的联运网络节点。

6.1.2 煤炭码头规划与建设

1. 浙江省煤炭运输方式

煤炭作为一种干散货,具有自热性、自燃性、冻结性、会产生可燃性爆炸气体等特性。煤炭作业特性则包括机械化程度高,劳动强度低;装卸作业连续性强,自动化程度高;工艺与机械的改进快。根据煤炭本身的特性,建立煤炭专业码头是十分必要的。

我国煤炭的运输主要是北煤南运,由此形成的煤炭装卸港口的布局,表现在北方(主要为环渤海湾港口群)为煤炭装船港口,而南方沿海都是煤炭卸船港口。因此,南方煤炭港口需要配置大型高效的卸船设备设施,但不需要同时配置大型装船设备。因为其装船类型都是小船,大多是进行内河的自航驳或拖驳,所以不用配置大型的装船设备和深水的装船码头。

长三角和长江流域地区煤炭资源较为匮乏,煤炭物资需从外部调入。浙江省煤炭的调入一是铁路运输,北边经沪杭线的嘉兴口,宣杭线的泗安口进入,南边经浙赣线的新扩道口进入。二是海运,浙江省港口资源丰富,现有宁波、舟山、嘉兴、台州、温州等港口,每个港口都有万吨以上的煤炭专用泊位。三是内河运输,省内水系的运输。四是京杭运河的运输。

2. 浙江省煤炭码头规划

根据 2009 年数据,浙江沿海港口煤炭泊位主要集中在宁波舟山港,共有 29 个泊位,设计靠泊能力 73.1 万吨级,其中,公用泊位 9 个,设计靠泊能力 12 万吨级。

目前宁波—舟山港主要承担省内电力、石化、冶金等企业生产用煤炭的接卸和温州、台州、绍兴、金华等地区的煤炭中转任务。宁波港域的基础设施良好,另外考虑到我国进口煤炭数量的逐步增加和国际煤炭价格优势,未来有可能在舟山建立长江流域国际煤炭储备与分拨中心,发展空间较大。

浙江省煤炭运输系统将以宁波—舟山港为核心,嘉兴、温州、台州港及沿海电厂、钢厂专业化煤炭接卸码头为补充,形成完善的煤炭转运与储存系统。

(1)宁波—舟山港将重点发展舟山六横煤炭基地和镇海煤炭中转基地,服务长三角及长江沿线。

充分发挥浙能集团六横煤电一体化基地有利条件,加快推进六横煤炭二期工程,积极争取国家煤炭储备功能,以此为基础发展国际煤炭物流。

充分利用镇海良好的海铁联运和省内河集疏运条件,面向长江三角洲地区的杭绍甬区域,扩大现有镇海煤炭市场规模,通过规范、引导和整合,做大煤炭现货交易,与舟山煤炭物流中心联合发展。

（2）建设区域性煤炭物流市场。温州港建设成为浙南地区煤炭中转地；嘉兴港结合嘉兴独山煤炭基地建设，发展海河联运；台州港煤炭运输以服务当地电厂及工业企业为主。

6.1.3　金属矿石码头规划与建设

1. 矿石运输特点

随着中国消费结构的升级和重工业的快速发展，中国已经进入矿产资源的大量、高速消费期，并且还会持续相当长的时间。据估计到 2020 年，中国绝大多数重要矿产资源的自我保障程度会在不同程度地下降，其中，铁矿石为 35％、铜为 27.4％、铝土矿为 27.1％、铅为 33.7％、锌为 38.2％、金为 8.1％。在各种金属矿石中，对铁矿石的需求最大。2012 年中国铁矿石进口 7.44 亿吨，而 2013 年铁矿石进口 8.19 亿吨。我国铁矿石可采资源不足，今后铁矿石将更多地依赖国外进口。

铁矿石的物理特点决定了铁矿石的运输在部分地区具有季节性的。不同种类的铁矿石本身都含有一定量的水分，这使得冬季当温度降低到零度以下时，堆存在一起的矿石被冻成一个整块，无法进行装卸和搬运，整个运输过程也就非常困难。季节性因素对我国南方港口基本没有影响，但却制约着北方的各大港口。

2. 浙江省矿石码头规划

浙江省沿海港口码头在华东地区铁矿石大宗物流中，具有重要作用。根据交通部门规划，华东地区沿海铁矿石码头布局为：

由宁波北仑、舟山等两港的 20 万吨级深水矿石泊位作为接卸大型远洋铁矿石船舶的基本港，承担进口铁矿石的水上或陆地中转服务；

上海、南通、苏州等港口的深水矿石泊位作为接卸减载的大型远洋铁矿石船舶或 10 万～15 万吨级直达船舶的辅助港，承担进口铁矿石的二程水上中转或陆地中转服务。

浙江省沿海港口矿石码头规划如下：

(1)舟山港域集中了多个矿石中转项目，特别是鼠浪湖、马迹山、梁潭武港区，条件优越，堆场充足，适宜作为大宗金属矿石中转基地和国家矿石储运基地。应大力发展金属矿石专用泊位和堆场，并进一步提高靠泊能力。

(2)宁波港域辐射范围更大，但金融、信息等配套服务相对欠缺。可作为大宗金属矿石中转基地的备选港，或作为舟山港域的辅助，重点服务长江沿线和省内的矿石中转需要。

(3)嘉兴港、台州港、温州港基础设施条件有限，不宜作为金属矿石大宗交易的主要中转地。应在未来，根据交易需要，完善基础设施建设。

(4)温州港可考虑适当发展铜、镍等有色金属中转运输，形成特有的竞争力，服务于温州产业带的发展需求。

6.1.4 粮食码头规划与建设

1. 浙江粮食物流情况

浙江是全国的粮食市场大省，粮食物流发展已初成体系和规模。而得天独厚的深水港口资源和较高的粮食购销市场化程度，将有力促进浙江粮食物流发展。粮食现代物流建设深入推进，到 2010 年底全省粮食现代物流项目已建成和在建项目用地达 4229 亩，完成建设总投资约 33 亿元，完成项目规划总投资的 64%，舟山、杭州、温州等地粮食物流中心运行良好，发挥了较好的社会和经济效益；粮食仓储水平稳步提升，全省已建成标准市县中心粮库 62 个，粮食储备仓容 138 万吨，60 个中心粮库获得"星级粮库"称号，17 家企业被国家粮食局授予全国粮油仓储规范化管理先进企业称号。

浙江省粮食供应对外依存度较高,对外依存度超过 60%,近几年粮食产需缺口均超过 1000 万吨。缺口粮食调运通道方面,按水路(包括海运、内河运输)和陆路(包括铁路、公路)两大类划分,目前以铁路、公路等陆路运输为主。在水路运输通道中,经宁波—舟山港、温州港、台州港、嘉兴港等港口海运粮食调入。陆路运输通道中,从嘉兴、衢州、湖州、杭州等地经公路或铁路进入。

2. 浙江省粮食物流中心规划

浙江省际间的粮食调运流入和中转辐射流出,将逐渐从以铁路、公路等陆路通道为主向以海运通道为主转变,主要集中在沿海的宁波—舟山港、嘉兴港和温州港等港口,其中宁波—舟山港将成为浙江省粮食物流海运通道的主要枢纽。

(1)舟山、宁波要继续建设成为功能明确、优势互补的我国东南沿海粮食主销区与东北等粮食主产区"无缝化"散粮对接枢纽、国家进口粮接卸减载中转基地、国内外通用型集装箱粮食运输基地、临港型粮食加工与配送基地,成为我国东南沿海粮食运输主通道和粮食及其加工成品进出口的主枢纽。

(2)舟山依托老塘山国际粮油中转加工基地,继续扩建仓储中转设施,引入大型企业,建立保税区和期货仓库,力争至 2015 年粮食吞吐能力达 1000 万吨以上,加工能力达 200 万吨以上。

(3)宁波在镇海、象山等港区规划新建大型粮食中转储备加工物流基地。

(4)杭州、嘉兴、温州、金华、衢州、台州依托港口、内河航运和铁路干线优势,继续建设成为影响范围大、突破其行政区划的区域性粮食物流中心,其功能既要具备基本满足本地区粮食消费需求,又要成为开放的、对周边地区具有辐射作用的粮食集散场所。

（5）绍兴、湖州、丽水和若干粮食物流量较大的重点县（市）根据市场需求，继续完善物流节点建设，使之成为满足当地需要和全省粮食物流网络体系的重要节点。

6.2　集疏运网络规划

石化品、煤炭、金属矿石以及粮食等大宗商品对运输方式具有不同要求，需根据货物实际运输需求，结合浙江沿海港口以及内陆基础设施的实际情况，综合规划大宗商品货物的运输网络。

6.2.1　石化品集疏运网络规划

在我国的化工产业布局中，华北、华东是初级化工品生产的主要地区，而华东、华南是化工品精加工和消费的主要地区。华东地区液化品产能集中，约占全国总产能的 45％，而需求占全国总需求的 60％，存在较大的供需缺口，成为主要液化品船运流入地。

我国的液化品内贸水路运输以华东、华南区域内运输以及南北运输为主。液化品进口来源地主要有东亚的韩国、日本，中东的沙特以及欧美地区等。主要的中转港有华北的大连港、日照港，华东的宁波—舟山港、上海港、苏州港以及华南的珠海港、广州港、虎门港等。

长三角地区石油（油品）需求旺盛，交易流通导致了大的集散需求。在浙江省运输的石油、天然气及其制品中，从宁波港域或舟山港域中转主要流向长三角地区，从嘉兴港中转则近一半是在省内流转，台州港中转以浙江省内为主。浙江省从以下几个方面加强石油化工品及液体化工原材料的运输网络建设。

（1）应进一步发挥宁波舟山港作为全国石油液化品进口的中转中心作

用,逐渐使宁波——舟山港发展成为东北亚地区重要的液化品中转中心,成为东北亚液化品物流网络中重要的节点。

(2)建设以镇海港区、北仑港区、岙山、册子等岛屿为中心的液体化工物流网络。

(3)进一步加强基础设施建设,构建省内管道——港口——内河一体联动的液化品运输网络。

6.2.2 煤炭集疏运网络规划

我国煤炭运输一直存在"西煤东运,北煤南运"的运输格局。我国东部和东南沿海地区煤炭资源较少,但对煤炭资源的消费需求量大;而我国煤炭的主产区却在西部和西北部地区,因而,东部和东南沿海地区的生活和工业用煤需要从西北部大量调入。目前,我国煤炭运输主要采取铁路运输、公路运输、内河运输以及沿海运输。

浙江省使用的煤炭需大量从外省调入,路径主要有:北煤南运——水路运输,包括沿海运输和京杭运河内河运输;北煤南运——铁路运输;西煤东运——长江干线运输。浙江省沿海港口煤炭吞吐量大部分是服务于本省沿海电厂煤炭需求,随着这些电厂扩容以及相关临港产业的发展,浙江省内煤炭需求量还会进一步提升。此外,凭借地理区位优势,另外一部分煤炭供应我国沿海和长江沿江的各大电厂等煤炭消耗大户。

结合浙江省现有运输网络,浙江省内现有煤炭集疏运网络存在一定的不足,主要表现在:集疏运衔接不顺畅,集疏运结构不合理;内河运输与铁路运输利用不充分,运输效率较低;集疏运基础设施不完善,存在一定的供需矛盾。结合国内外现有的一些较为成熟的集疏运体系,浙江省可以从以下几个方面加强煤炭集疏运体系的构建。

(1)大力发展水路运输,尤其是内河运输,加强沿海港口与内河水路的衔接。浙江省应当充分利用河道水利资源丰富的优势,大力发展内河运输,形成有效的海河联运网络。

(2)进一步发展铁路运输。煤炭等大宗干散货的运输采用公路运输成本高,效率低,较为成熟的煤炭物流体系应该以铁路和水运作为主角。

(3)协调发展各种运输方式,合理设置铁路、水路、公路运输之间的联动,形成交叉的多式联运体系。在多式联运体系中,结合浙江本身资源,建立起以水路、公路、铁路分层次联运体系。

6.2.3 金属矿石集疏运网络规划

我国进口铁矿石主要流向长江以北广大地区以及长江沿线地区,也有少部分供应华南和西南地区。长江中下游地区是我国钢铁工业重点布局的地区,有宝钢、梅钢、马钢、武钢及其他地方钢铁企业,钢铁产量约占全国的1/3。沿江的一些钢厂设备改进后,钢铁产量增加,并且对矿石的品质要求提高,对进口矿石需求增加,由此带动了铁矿石运输量不断攀升。

2013年浙江省港口累计完成金属矿石吞吐量20486万吨,同比增长11.1%;其中沿海港口累计完成20292万吨,同比增长11.4%。浙江省港口矿石运输除了为本身冶金工业服务外,另外大部分为长三角地区以及长江沿线地区提供中转服务。浙江地区进口铁矿石运输需优化并完善以下几种运输方式:

(1)15万~25万吨级大型矿石船一程运到宁波北仑、马迹山、绿华山,再通过2万~3.5万吨级船舶转运到上海、南通、镇江、南京等二程接卸港,三程利用长江船舶运到长江沿线钢厂。

(2)15万~25万吨级大型矿石船运到宁波港,通过铁路运到杭钢、江西、湖南等地钢厂。

(3)10万~20万吨级大型矿石船一程运到长江口外的鼠浪湖、马迹山、绿华山减载（减载 25%～50%），减载后的大船直接停靠上海宝钢和罗径码头，在外海卸下的矿石再通过二程船转运到宝钢及长江沿线其他钢厂。

（4）部分印度矿、澳矿由 4 万～5 万吨级船或 7 万吨级船，可不经过浙江沿海港口，减载直达南京、南通、镇江和上海港。

6.2.4 粮食集疏运网络规划

浙江省粮食运输网络中，主要从美国、加拿大、澳大利亚、巴西等国进口粮食，从东北和黄淮海粮食产区调入粮食。调入的粮食除满足省内粮食消费需求，另外向上海、江苏、安徽等长江沿线地区，以及东南沿海粮食主销区中转或配送粮食。

我省的粮食运输网络应衔接国家着力推进建设的五大粮食物流通道布局，依托本省港口优势，发挥水水中转、铁公水联运等集疏运网络优势，形成接轨国际、跨越区域、连接省内各节点的开放型、网络化粮食物流通道体系。浙江省需要重点规划建设的集疏运通道是：

（1）与主要粮食出口国沿海港口对接的国际海运通道。依靠国际海运航线从美国、加拿大、澳大利亚、巴西等国进口大豆、小麦等，在宁波—舟山港、嘉兴港和温州港等港口接卸和减载中转。

（2）与东北和黄淮海粮食主产区沿海港口对接的海运通道。通过大连、连云港等港口海运东三省、内蒙古和黄淮海主产区的稻谷、玉米和小麦等原粮到宁波—舟山港、嘉兴港、温州港及台州港等，逐步替代铁路和公路运输成为浙江调运粮食的主要运输方式和流入通道。

（3）与长江沿线港口对接的江海联运通道。以江海联运的方式，通过宁波—舟山港、嘉兴港等港口中转、配送原粮或成品粮到上海、江苏、安徽、湖北和重庆等长江沿岸地区。同时，也可以将长江沿岸产粮区的原粮通过江海联运方式调入浙江境内。

（4）与东南沿海粮食主销区港口对接的减载、中转海运通道。

（5）与国内粮食主产区连接的铁路运输通道。该通道连接东北三省、内蒙古、河北、河南、山东等地，将小麦、玉米等原粮通过铁路干线运至浙江铁路沿线主要粮食物流节点。

（6）省内及周边地区铁公水联运网络式通道。以港口和铁路站场为枢纽，以铁公水综合运输网络为基础，连接省内及周边地区不同层次的粮食物流节点，开展多式联运，形成网络式通道。

6.3　大宗商品交易市场建设

近年来，大宗商品电子交易市场数量保持持续增长，市场结构在加速调整，市场功能在稳步提升，伴随而来市场竞争也愈加激烈。据估计，目前我国已建成了300余家大宗商品电子交易中心，很多交易中心发展快速，成为行业领头羊。作为"市场大省"的浙江省，商品交易市场数量多、规模大、综合能力强、辐射范围广，同时，网上商品交易市场迅速发展。从大宗商品交易市场现状以及大宗商品交易市场发展方向进行概述。

6.3.1　大宗商品交易市场现状

大宗商品电子交易市场特指专业从事电子买卖、交易、套保的大宗类商品批发市场，主要进行现货交易。具备生产资料大宗货物的战略储备、调节物价、组织生产和套期保值四大基本功能。

大宗商品电子交易市场的服务主要分为两大类：一是只提供信息资讯，相应的也只是有价格的显示，并不直接提供交易服务、及与交易相关的仓储物流和结算服务等。此类网站如我国钢铁网、中国化工网等。二是提供在线交易服务的网站,一般提供撮合交易、质量检查、资金结算、货物的仓储物流、相关的信息资讯等服务。有些网站还提供融资服务和一些增值的其他特色服务等。

近年来,浙江省大宗商品交易市场发展迅速。2012 年,浙江舟山大宗商品交易所完成线上电子交易额 1513.6 亿元。2013 年,宁波大宗商品交易所交易额达 2085.8 亿元。浙江省大宗商品交易品种主要有为石油化工、铁矿石、煤炭、粮食、建材、工业原材料、船舶等类别。这些交易品种主要分布在浙江省沿海地区的嘉兴、宁波、舟山、台州、温州等港口城市(见表 6.2)。

表 6.2 浙江省大宗商品交易区域分布

交易类别	主要交易市场	区域分布
石油化工	嘉兴化学原料市场	嘉兴
	宁波镇海液体化工基地	宁波
	中化公司岙山基地	舟山
铁矿石	绿华山铁矿石减载平台	舟山
	舟山马迹山铁矿石交易平台	舟山
	宁波北仑铁矿石交易平台	宁波
煤炭	镇海煤炭交易市场	宁波
粮食	舟山国际粮油集散中心	舟山
工业原材料	余姚中国塑料城	宁波
	镇海有色金属交易市场	宁波
	台州有色金属交易市场	台州
船舶	浙江船舶交易市场	舟山
	宁波船舶交易市场	宁波
	台州船舶交易市场	台州

6.3.2　大宗商品交易市场发展方向

大宗商品电子交易市场结合了电子交易和物流配送信息化,实现了现货批发市场与大宗商品物流相互促进发展的市场格局,代表了国内现货商品交易的发展方向。虽然浙江省大宗商品电子交易市场发展迅速,但还是存在规模较小、地域性过强、监管体系不够完善等问题。

(1)市场规模化程度不高

目前,浙江省大宗商品交易市场经营品种多样,但各市场之间的合作机制不足,存在着内部竞争的现象,而且交易品种区域特色不明显,区域分布还存在着一定的欠缺。交易市场的主体较小、较弱,市场的规模化程度不高,这在一定程度上影响了浙江省大宗商品交易市场的扩大。

(2)市场监管体系不够完善

目前,大宗商品电子交易市场采取了按照交易规模收取一定比例保证金的制度,并声称建立了资金的第三方监管制度。实际上,客户资金的第三方监管制度并不严格规范,容易出现被市场主办方侵占、挪用、甚至卷款潜逃的风险。此类事件已屡见不鲜。

大宗商品交易市场的健康发展离不开有效的监管,针对浙江省内大宗商品交易市场出现的风险,政府及市场本身要在交易主体、交易资金以及市场环境等方面采取了一定的监管措施。

(3)配套服务体系存在欠缺

现阶段浙江省大宗商品交易市场的金融配套服务来看,种类不齐全,仅限于以商业银行为主的传统的金融服务中,缺少地方性信托公司、租赁公司等非银行金融机构,并且高端的金融服务较少、金融创新产品不足;服务本身的结构也不合理,过度依赖间接融资,过于偏重投向基础设施。就配套的信息服务来看,缺乏信息的共享与互通,各港口之间的信息化水平参差不齐,港口网络系统的安全性比较脆弱。就港口物流服务来看,港口的物流服务发展比较落后,物流企业小、散、乱,港口物流服务整体的效率和质量偏低。

如何完善电子交易平台的标准化、促进电子交易与物流系统的信息化整合,提升电子交易平台的国际化水平,创造交易良好的诚信交易市场,建立有序的法律保障环境等,日趋成为浙江省大宗商品交易发展的迫切需求。

浙江省大宗商品交易市场在控制市场风险的同时,秉承创新服务宗旨,在发展和完善市场交易方式、保证金结算方式、实货交割方式、客户服务方式等交易所业务创新的同时,不断创新推出既符合国家战略利益,又符合国内、国际市场需求的交易品种。经过三五年时间创新开拓,预计年交易额将达上万亿元,建成浙江省大宗商品交易的核心平台,建成全国重要的大宗商品交易平台和定价中心。

6.4　配套服务体系建设

良好的港口配套服务体系是大宗商品物流中心建设和发展的支持要素,主要包括金融、信息以及物流等方面的配套服务。

6.4.1　加强金融服务支持

大宗商品交易是大宗商品物流背后的主要推动力量之一,大宗商品的交易方式与普通商品不同,前者主要通过即期现货交易、期货交易、中远期交易进行,后者主要通过即期现货交易(含电子集合竞价、拍卖)进行。大宗商品在交易过程中会涉及各种相关金融服务以及金融产品。因此,提供良好的金融服务是大宗商品物流中心建设必要条件之一。

浙江是我国重要的石油及化工、金属矿石、粮油、煤炭等储运基地,大宗商品交易需求旺盛。目前,浙江省内大宗商品交易处于初步发展阶段,需要一系列有利的金融条件支持。要大力推进大宗商品交易市场的建设,并给予相关金融政策支持。从大宗商品交易市场的构成要素来看,大宗商品交易市场主要由交易商、金融机构、交易场所和交易组织者构成。促进交易市场活跃就要提供完善的金融配套服务,解决大宗商品交易市场贸易中的资金占用问题,提高资金使用效率,而融资保险和保证金等金融服务也是大宗交易繁荣的必需条件,应在贷款、利率等方面加大支持力度。

6.4.2 加强信息服务支持

信息系统服务是大宗商品物流中心建设不可缺少基础服务,涉及运作体制、标准化、电子化及自动化等方面的问题。由于现代计算机及计算机网络的广泛应用,物流信息系统已有了一个坚实的基础。网络技术、数据库技术、条码技术、EDI等技术的应用,使得物流活动中的重复劳动及错误发生率减少,效率增加,信息流转加速。建立数据交换平台、公共服务平台和信息服务系统,整合管理部门、物流企业和金融机构等大宗商品物流相关信息资源,从而全面支撑大宗商品物流中心的建设。

加快大宗商品物流信息系统的建设,着重完善以下功能:建成高效的航运信息支撑体系,整合传统航运企业,提高航运管理水平和效率;沟通各航运企业、航运客户、政府管理部门之间的联系,促进其协同管理及协同机制的建立,促进航运信息、航运基础设施的共享;加强航运企业与信息咨询机构、船舶市场研究机构的合作关系,为企业提供专业、全面、科学的决策支持;及时了解相关港航政策、宏观形势变化和国内外市场需求;反映航运发展规律,为政府对航运发展的决策提供支持,增强政府部门对航运企业和航运市场的宏观调控能力。

6.4.3　加强物流服务支持

大力引进第三方骨干物流企业,为浙江省大宗商品物流中心建设提供全方位的物流配套服务。支持有条件的地区设立分拨中心、中转中心和仓储基地,积极吸引国内外大型贸易商、生产商在保税区等地附近设立中转机构。政府部门和大宗商品物流中心运营管理者可以积极提供有利条件,如仓储设施、服务配套、租金优惠等,吸引国际大型贸易商、生产商在这些地区设立中转基地、加工中心。

要以深化港航联动发展为突破口,构建实力强大、结构合理的现代航运产业体系,加快发展沿海、江海联运和国际航运三大运力,提升本土船队规模化水平和市场竞争力,充分发挥政府在实施港航联动中的主导和调控作用,做好已建、在建港口项目货源本地化运输的推进落实工作。

参考文献

[1] 中华人民共和国交通运输部,浙江省政府.宁波—舟山港总体规划[Z]. http://port. zhoushan. gov. cn/news/20110726103045697. html, 2009.

[2] 陈邦杆,徐敏敏.《宁波—舟山港总体规划》修编的建议[J].中国港口,2011(3):38—41.

[3] 刘洪义,刘万锋,季大闰.加快浙江沿海煤炭储运和交易基地建设,保障区域能源经济安全[J].水运工程,2011(7):16—18.

[4] 孟蕾.舟山港发展大宗散货运输研究[D].上海海事大学硕士学位论文,2007.

[5] 浙江粮食物流发展的若干问题研究课题组.浙江粮食物流发展的

若干问题研究(上)[J].浙江经济,2006(11):21—23.

[6] 浙江省发展和改革委员会,浙江省粮食局.浙江省粮食流通发展
　　"十二五"规划[R].2011.

[7] 浙江粮食物流发展的若干问题研究课题组.浙江粮食物流发展的
　　若干问题研究(下)[J].浙江经济,2006(11):24—27.

[8] 杨丹萍,杨秀秀.浙江省大宗商品交易市场发展研究[J].宁波大
　　学学报(人文科学版),2013,26(11):95—100.

第 7 章

推进政策和措施建议

7.1 加强各方统筹协调，完善组织领导体系

浙江省大宗商品物流中心建设是一项跨行业、跨部门、跨地区的系统工程，需要宁波、舟山、台州、温州、嘉兴等地的政府和相关部门加强组织领导，协调大宗商品物流中心的规划与建设工作。

7.1.1 加强组织一体化

建议由省有关部门牵头成立大宗商品物流中心建设领导小组，整合相关资源，以一体化管理为核心，创新深化一体化举措。按照大宗商品物流中心建设的战略定位和发展重点，制订工作方案，明确议事机制，加快组织实施。相关单位要制定实施意见，明确工作分工，完善工作机制，落实工作责任，发挥各自优势，确保目标实现。

7.1.2 加强规划一体化

加强浙江省各市、各港口的城市、交通、土地等规划修编与大宗商品物流中心建设的衔接，科学规划布局港口区、物流园区、航运服务区、临港工

业区及其相关疏港通道;加强商品交易最佳规模、货物来源、消费市场、物流模式等研究,推进港口泊位、物流园区、疏港通道的集约规划保障大宗商品物流中心建设的需要。

7.1.3 加强建设一体化

在规划的实施阶段,各个责任单位应当根据规划,相互协调合作,消除瓶颈制约。要保持项目的适度建设,避免建设不足或过量建设造成的制约或浪费;要保持项目的有序建设,避免过度超前或滞后建设带来的浪费或制约,提高物流发展与依托城市的资源要素保障匹配程度。

7.2 加大政策扶持力度,营造良好发展环境

大宗商品物流中心建设具有政策性强、社会影响大的特点,政府需加强政策引导,出台财政、税收优惠政策,强化土地、资金、人才要素保障,承担公共服务设施建设和管理,促进大宗商品物流业有序发展。

7.2.1 加大财政支持

建立大宗商品物流发展引导资金,用于支持重点港口物流企业、物流设施和物流信息服务系统建设。通过提高补助标准、政府贴息、见面税收等手段,对航运、金融、租赁、保险等企业从事大宗商品物流及相关业务的企业,适当减免营业税和相关费用。规范通关收费项目和标准,严格按国家标准执行,国家未定的根据成本从低核定。研究从事国际航运船舶融资租赁业务的税收优惠政策。研究杭州湾跨海大桥等集卡通行费用优惠政策方案。

7.2.2 优先安排用地

优先保障大宗商品物流中心项目所需建设用地,建设现货即期市场、货物交割仓库以及大宗商品码头和堆场对用海用地有较大需求。需在统筹规划的基础上,加强大宗商品公共泊位建设、大宗商品现货即期市场新建或改建、大宗商品交割仓库新建或改建,以及对应集疏运体系建设所需的用海、用地,须纳入土地利用和城市建设相关规划,优先保障供给。

7.2.3 发展临港服务

大宗商品物流体系的发展需要相关产业的支撑。因此,大力发展具有技术先进性、信息密集性、高附加值、产业关联度大的金融、保险、信息、技术、船货代理、船舶修造等配套的临港服务业,形成国际金融保险服务、国际物流信息等配套产业高度发达的完善的物流服务配套体系是大宗商品物流中心建设中不可或缺的环节,也是提高港口竞争力的重要途径。

7.2.4 建设信息平台

大宗商品物流中心的建设,离不开现代化的信息技术。进一步加强港口物流服务信息平台的规划建设工作,建立完善的现代港口物流服务信息平台系统构筑,能够加强信息交换、促进资源共享,从而提升大宗商品物流服务的效率和水平,为客户提供高效、便捷、优质、低廉的物流服务。

7.2.5 加强人才培养

专业人才是大宗商品物流中心建设和发展中最重要的因素之一。因此,要加强研究制定港口物流人才培养计划,采用多途径培养物流人才。支持港口物流企业与国内外高等院校、科研机构合作,培养所需专业和复合型人才。加强与交通部、国家海洋局等部门合作,共建国际海员培训评估基地。对港口物流发达地区制定针对性人才引进办法,吸引港口物流领军人才。研究制订人才柔性流动及其激励政策,营造良好人才居住、创业、发展环境。

7.3 提高对外合作水平,拓展市场发展途径

7.3.1 推进招商引资

利用各种广电报纸媒体、互联网网络、展览会、招商会、联谊会以及驻外机构、涉外企业等,积极扩大对外联系,引入国内外各方资本。发挥民营经济发达、外资活跃优势,加强与央企合作,吸引国内外资本投向港口物流。民营资本在财税、投融资、土地等政策方面与国企、外资享受同等待遇。鼓励工商企业剥离物流业务。发挥行业协会功能,妥善解决好船公司、港口运营商与堆场、仓储、集卡、货代等企业间的收费标准问题,保障物流企业、物流服务企业健康发展。

7.3.2 加强与国内外研究机构合作

国内外有许多研究大宗商品的研究机构,它们对全球大宗商品物流的发展状况、市场行情分析、趋势判断以及宏观政策建议和企业管理等方面都有独到的研究。加强与它们的联系,可以获得大宗商品物流中心建设相关的知识和经验,从而有助于加快浙江省港口大宗商品物流中心建设进程。

7.3.3 处理好与周边港口间的竞合关系

我国不少沿海港口城市都在加快推进区域性甚至是全国性商品中心的建设步伐,这些港口城市之间往往面临着同业过度竞争。在长三角地区几个港口城市中,存在着较明显的市场建设重叠、产品定位重复的问题。因此,需处理好与周边港口城市间的竞争合作关系,实现差异化发展战略。要主动服务国家战略,积极参与上海国际航运中心建设,积极配合浙江省国家级海洋经济核心示范区建设,加强与长三角城市间的基础设施网络对接、资源合作与共享、优势产业的协作与配套,努力形成特色分明、优势互补的区域统一大市场。

附　录

附录1　长三角19个主要港口不同货类吞吐量

2004—2012年长三角主要港口煤炭及制品吞吐量　　单位：万吨

	港口	2004	2005	2006	2007	2008	2009	2010	2011	2012
1	上海	7950	8084	8165	8567	7950	7919	9120	10934	10715
2	连云港	1170	1435	1605	1376	1449	1276	1837	2270	2766
3	嘉兴	420	883	1661	1690	1930	2370	2730	3243	3643
4	宁波	2554	2771	3387	4387	4673	4789	6121	6560	6631
5	舟山	699	715.5	715	838	841	1439	2115	2416	3115
6	台州	650	693	732	1144	1564	1528	1650	1767	1517
7	温州	177	594	788	979.7	1181.6	1444	1849	2084	2054
8	南京	1096	1188	1323	1499	1565	1854	3120	4911	5537
9	镇江	1537	1510	1408	1465	1553	1660	2666	3638	4397
10	苏州	1692	2746.8	3689	4615	5104	6112	8579	8658	10352
11	南通	1001	1205.4	1155	1523	1547	1682	2898	4277	4474
12	常州	171.4	173	422	481	453	569	765	818	718
13	江阴	410	916	1493	2065	2332	2442	3310	4301	4385
14	扬州	803	742	366	417	636	1628	2316	2840	2950
15	泰州	0	247	563	925	1068	2000	3177	4680	5938

续表

	港口	2004	2005	2006	2007	2008	2009	2010	2011	2012
16	徐州	2300	2622	2290	2844	3113	2266	2806	2573	2071
17	无锡	170	173	253	225	190	1839	1719	1777	1731
18	杭州	538	520	563	513	813	781	869	850	894
19	湖州	90	122	137	150	775	768	785	841	702

2004—2012 年长三角主要港口石油及制品吞吐量　单位：万吨

	港口	2004	2005	2006	2007	2008	2009	2010	2011	2012
1	上海	2409	2551	2094	1992	2374	2324	2396	2562	2559
2	连云港	74	80	78	173	198	162	149	164	166
3	嘉兴	500	542	446	355	417	481	716	770	715
4	宁波	5842	7432	7385	7371	6897	7567	8054	8588	7445
5	舟山	2461	2573	3125	3231	4081	4216	4503	5216	5038
6	台州	74	80	97	153.9	178	167	205	204	196
7	温州	103	321	233	346.3	316.5	436	443	418	395
8	南京	3502	4802	3800	3171	2818	2996	3340	3370	2976
9	镇江	92	101	233	289	308	319	327	382	527.6
10	苏州	148	176.8	219	289	300	299	410	369	384
11	南通	407	462	485	476	616	717	950	1095	1247
12	常州	0	0	0	20	0	0	0	0	14.3
13	江阴	370	482	621	675	622	667	722	733	732
14	扬州	92	101	116	38.5	740	112	81	70	593
15	泰州	240	261	310	327	351	469	548	610	491.8
16	徐州	10	15	15	20	20	17	18	20	22.3
17	无锡	0	0	0	0	0	52	68	176	172
18	杭州	234	221	252	231	234	261	292	253	285
19	湖州	0	90	70	66	62	49	62	65	74

附录

2004—2012 年长三角主要港口集装箱吞吐量　　单位:万 TEU

	港口	2004	2005	2006	2007	2008	2009	2010	2011	2012
1	上海	1455.4	1808.5	2171.9	2615	2801	2500.2	2907	3174	3252.9
2	连云港	50.2	100.5	130	200	300	303.2	387	485	502
3	嘉兴	1.7	1.44	4.55	3.7	10.1	20	35	51.5	75
4	宁波	400.55	520.8	706.8	935	1084.6	1042.3	1300.4	1451.2	1567
5	舟山	5	5.5	6.8	8.1	8.7	8	14.3	20.7	50
6	台州	4.3	4.7	5.7	5.4	6.4	9.1	12.2	13.5	15.1
7	温州	21.3	23	28.2	35.1	38.1	38.8	42.1	46.7	51.7
8	南京	49	60.5	80	105.6	129.2	121.2	145.3	184.2	230
9	镇江	16.4	17.8	23.9	29.2	29.2	28	30.3	36.6	37.5
10	苏州	50.9	75.3	124.2	189.6	257	272	363	468.5	586
11	南通	28.7	30.1	36.1	42.8	44.3	35	46	54	50.43
12	常州	2.7	3.3	1.61	2.28	3.2	6.5	10.4	13.4	14.3
13	江阴	5	4.9	12.6	30.7	50.2	75.2	101	111.6	115.4
14	扬州	13	8.6	13.8	26.5	28	22.1	30.3	40	41
15	泰州	2.5	4.2	6	7	7	8.3	10	12	13.6
16	徐州	0	0	0	0	0	0	0.3	1.9	0.7
17	无锡	0	0	0	0	0	0	1.8	1.7	1.7
18	杭州	0.2	0.1	0	0	0	0	0	0	0
19	湖州	0.05	0	0	0	0	0	0	1.2	4.7

附录2 浙江省沿海港口货物吞吐量

2005—2012 年浙江省主要港口货物吞吐量　　　　　单位:万吨

港口名称	2005	2006	2007	2008	2009	2010	2011	2012
宁波—舟山港	35933	42387	47336	52047	57684	63300	69393	74401
♯宁波	26881	30969	34519	36185	38385	41217	43339	45302
♯舟山	9052	11418	12818	15862	19300	22084	26054	29099
温州港	3102	3275	3496	4958	5999	6408	6950	6997
台州港	2067	2107	3312	3898	4294	4706	5099	5358
嘉兴港	1704	2248	2418	2834	3485	4432	5258	6004
沿海港口合计	42806	50017	56563	63737	71463	78847	86700	92760

附录3 浙江省沿海港口主要货类吞吐量

2007—2012 年宁波港主要货类吞吐量

年份	2007	2008	2009	2010	2011	2012
煤炭及制品(万吨)	4387	4673	4789	6121	6560	6631
石油、天然气及制品(万吨)	7371	6897	7567	8054	8588	7445
金属矿石(万吨)	7178	7215	7626	7490	7262	8348
集装箱(万 TEU)	935	1084.6	1042.3	1300.4	1451.2	1567

2007—2012 年舟山港主要货类吞吐量

年份	2007	2008	2009	2010	2011	2012
煤炭及制品(万吨)	838	841	1439	2115	2416	3115
石油、天然气及制品(万吨)	3231	4081	4216	4503	5216	5038
金属矿石(万吨)	4252	6180	6462	7541	8954	9651
集装箱(万 TEU)	8.1	8.7	8	14.3	20.7	50

2007—2012 年温州港主要货类吞吐量

年份	2007	2008	2009	2010	2011	2012
煤炭及制品(万吨)	980	1181	1444	1849	2084	2054
石油、天然气及制品(万吨)	346	316	436	443	418	395
金属矿石(万吨)	34	75	95	83	149	177
集装箱(万 TEU)	35.1	38.1	38.8	42.1	46.7	51.7

2007—2012 年台州港主要货类吞吐量

年份	2007	2008	2009	2010	2011	2012
煤炭及制品(万吨)	1144	1564	1528	1650	1767	1517
石油、天然气及制品(万吨)	153.9	178.0	167	205	204	196
金属矿石(万吨)	0	0	0	0	0	0
集装箱(万 TEU)	5.4	6.4	9.1	12.2	13.5	15.1

2007—2012 年嘉兴港主要货类吞吐量

年份	2007	2008	2009	2010	2011	2012
煤炭及制品(万吨)	1690	1930	2370	2730	3243	3643
石油、天然气及制品(万吨)	355	417	481	716	770	715
金属矿石(万吨)	35	114	44	31	39	40
集装箱(万 TEU)	3.7	10.1	20	35	51.5	75

附录4 浙江省各地市经济社会发展情况

2005—2012年杭州市经济社会发展指标

	2005	2006	2007	2008	2009	2010	2011	2012
货运量（万吨）	19909	20924	22569	22550	22372	25915	28831	30089
客运量（万人）	24124	25810	28026	29084	30116	33772	34778	35819
常住人口（万人）	750.7	773.1	786.2	796.6	810	870.5	873.8	880.2
GDP（万元）	29438430	34434972	41040117	47889748	50875529	59491687	70190579	78020058
人均GDP（元，按常住人口）	39214.64	44541.42	52200.607	60117.685	62809.295	68341.972	80327.969	88639.012
固定资产投资额（万元）	12777972	13734482	15837775	18822936	21951706	26518839	31000218	37227544
实际利用外资额（万美元）	171274	225536	280181	331154	401370	435627	472230	496061
第二产业比重（%）	50.76	50.19	49.85	49.54	46.92	47.81	47.35	45.79
第三产业比重（%）	44.20	45.30	46.17	46.70	49.33	48.69	49.27	50.94
社会消费品零售总额（万元）	9784275	11191900	13082930	15775872	18049303	21460790	25483599	29446266
城市化率（%）	62.1	68.88	69.01	69.34	69.5	73.3	73.9	74.3

2005—2012 年宁波市经济社会发展指标

	2005	2006	2007	2008	2009	2010	2011	2012
货运量（万吨）	17664	22238	24363	27508.45	29027.87	30553	31228.4	32615.72
客运量（万人）	28412	29146	30693.23	32250.117	33790.67	33910.95	28745	28052.81
常住人口（万人）	655.9	671.6	689.5	707	727.5	761.1	762.8	763.9
GDP（亿元）	2447.32	2874.42	3418.57	3946.52	4329.3	5163	6059.24	6582.2064
人均 GDP（元，按常住人口）	36824	42299	49142	55616	60000	69368	79524	86228
固定资产投资额（亿元）	1336.30	1502.77	1597.54	1728.24	2004.22	2193.28	2385.50	2901.43
实际利用外资额（万美元）	231079	243018	250518	253789	220541	232336	280929	285252
第二产业比重（%）	54.83	54.99	55.4074	55.51	54.56	55.60	55.28	53.42
第三产业比重（%）	39.77	40.16	40.18	40.26	41.20	40.16	40.51	42.49
社会消费品零售总额（万元）	7621595	8879552	10450094	12532605.2	14344121	17045103	20188617	23292590
城市化率（%）	56	63.11	63.22	63.59	63.7	68.3	69	69.4

2005—2012 年嘉兴市经济社会发展指标

	2005	2006	2007	2008	2009	2010	2011	2012
货运量(万吨)	6881	10101	10463	10670	14853	16004	16869	16876
客运量(万人)	16218	16878	16503	17166	11674	11955	12160	12343
常住人口(万人)	399.6	408	418.6	423.2	431.2	450.5	453.1	454.4
GDP(亿元)	1158.38	1345.18	1586.00	1819.78	1918.03	2300.20	2677.09	2890.57
人均 GDP (元,按常住人口)	28988.49	32970.1	37888.2	43000.47	44481.22	51058.82	59083.87	63612.9
固定资产投资额 (万元)	7034577	8003227	9000421	10067972	12334071	14882637	14882661	16423109
实际利用外资额 (万美元)	115666	122178	166228	135975	133460	160994	172066	178159
第二产业比重(%)	58.8	59.9	59.7	59.4	58.0	58.3	57.5	55.5
第三产业比重(%)	33.9	33.5	34.2	34.8	36.4	36.2	37.2	39.3
社会消费品零售总额 (万元)	3755923	4323735	5058651	6070139	6942960	7993625	9485671	10837443
城市化率(%)	46	48.09	49.4	50	51.2	53.3	54.4	55.3

2005—2012 年湖州市经济社会发展指标

	2005	2006	2007	2008	2009	2010	2011	2012
货运量（万吨）	13811	15369	16379	16604	16353	18108	20103	19467
客运量（万人）	7563	8393	8942	9260	9752	9964	9996	9476
常住人口（万人）	271.8	276.7	280	282	285	289.4	289.9	290.5
GDP（万元）	6394198	7530948	8833116	10228800	11018271	13017294	15200553	16643045
人均 GDP（元，按常住人口）	23197	27109	31536	36266	38804	45323	52477	57350
固定资产投资额（万元）	3629523	4072522	4583411	5287895	6361873	7199765	8046706	9707282
实际利用外资额（万美元）	65072	75702	84363	80206	81095	91905	94038	102599
第二产业比重（%）	54.7	56.9	56.8	56.9	55	54.9	53.8	53.2
第三产业比重（%）	35.4	34.3	35.1	34.8	36.8	37.1	38.6	39.4
社会消费品零售总额（万元）	2384861	2754854	3222040	3868323	4425700	5160918	6098868	7038667
城市化率（%）	48	48	49.29	50.01	50.7	52.9	53.3	55.1

2005—2012 年绍兴市经济社会发展指标

	2005	2006	2007	2008	2009	2010	2011	2012
货运量（万吨）	9559	10119	11032	11273	8528	8931	8899	9274
客运量（万人）	14202	14989	15878	16340	17088	17398	17415	17512
常住人口（万人）	439	449.8	458.1	463.6	470.3	491.3	493.4	494.3
GDP（亿元）	1450	1682	1979	2230	2376	2795	3332	3654
人均 GDP （元，按常住人口）	33029.61	37394.4	43200.17	48101.81	50520.94	56889.88	67531.41	73922.72
固定资产投资额 （亿元）	676.1	765.7	843.4	915.7	1055	1245.6	1426.4	1722.6
实际利用外资额 （万美元）	90095	97188	110476	77235	81117	95327	80468	95400
第二产业比重（%）	60	60	59.9	58.8	57.3	56	55	53.7
第三产业比重（%）	33.6	34.3	34.8	36	37.5	38.6	39.8	41.2
社会消费品零售总额 （亿元）	382.8	443.3	520.2	626.6	717.9	852.9	1006.8	1158.66
城市化率（%）	53	56	56.9	57.46	57.7	58.6	59.3	60.1

2005—2012 年金华市经济社会发展指标

	2005	2006	2007	2008	2009	2010	2011	2012
货运量（万吨）	11503	13275	15441	16132	7278	11803	12585	12912.4
客运量（万人）	14962	18325	20864	21341	28994	29874	30688	31230
常住人口（万人）	485.9	498.6	510	515.1	520.7	536.6	538.6	539.9
GDP（亿元）	1067	1241	1474	1693	1776	2110	2458	2711
人均 GDP（元，按常住人口）	21959.25	24889.69	28901.96	32867.4	34107.93	39321.65	45636.84	50213
固定资产投资额（亿元）	485.4	506.9	540.9	586.9	635	772.8	862.8	1126.8
实际利用外资额（万美元）	45774	51013	50610	51302	40034	35263	23315	28314
第二产业比重（%）	53	53.8	54	53.5	51.8	51.5	50.7	49.6
第三产业比重（%）	40.9	40.9	40.9	41.4	43	43.4	44.2	45.4
社会消费品零售总额（亿元）	420	485	568	684	781	916	1089	1260
城市化率（%）	54.3	56.68	57.81	58.25	58.4	59	60	61.4

2005—2012 年衢州市经济社会发展指标

	2005	2006	2007	2008	2009	2010	2011	2012
货运量（万吨）	7647.87	8743.43	9382	9840.05	6657.76	9112.41	8560.53	8736.52
客运量（万人）	5192.06	6975.62	7362.46	7531.56	10973.66	11281.87	11511.22	11726.39
常住人口（万人）	219.8	221.1	222	222.9	223.5	212.3	211.9	212
GDP（万元）	3283576	3870731	4788812	5801513	6265514	7554826	9196209	9722460
人均 GDP（元，按常住人口）	13370	15726	19371	23365	25127	30153	36508	38476
固定资产投资额（万元）	2338437	2734060	3169975	3611939	4153976	4818048	5046266	5661276
实际利用外资额（万美元）	3042	3985	4056	5813	6380	6237	4541	5067
第二产业比重（%）	45.9	48.5	51.8	53.9	52.8	54.9	55.6	53.1
第三产业比重（%）	39.1	38.3	37.2	36.3	37.7	36.6	36.1	38.7
社会消费品零售总额（万元）	1347432	1538557	1794513	2156144	2502501	2908244	3443361	3963577
城市化率（%）	35	38.81	40.3	41	41.1	44.1	44.8	46.6

2005—2012 年舟山市经济社会发展指标

	2005	2006	2007	2008	2009	2010	2011	2012
货运量（万吨）	6717	8202	9299	10205	12184	13829	17887	19941
客运量（万人）	8832	10374	10274	10603	15474	15073	15555	16108
常住人口（万人）	102.5	102.8	103.5	105.4	106.3	112.1	113.7	114
GDP（万元）	2822516	3406497	4188145	5090376	5352361	6443170	7727535	8531767
人均GDP（元，按常住人口）	27456	32929	40136	48250	49859	58378	68434	74939
固定资产投资额（万元）	1611191	2189878	2796374	3394255	4006632	4138437	4760876	5705986
实际利用外资额（万美元）	3120	5003	7516	15855	10595	6719	10788	18339
第二产业比重（%）	39.7	41.6	43.7	45.8	45.3	45.5	45.2	44.9
第三产业比重（%）	46.2	46.1	45.6	44.4	44.9	44.9	45.0	45.4
社会消费品零售总额（万元）	1004469	1146686	1336058	1597760	1816860	2125429	2517051	2905445
城市化率（%）	59	61.1	61.5	61.9	62.4	63.6	64.3	65.3

2005—2012 年温州市经济社会发展指标

	2005	2006	2007	2008	2009	2010	2011	2012
货运量(万吨)	15346.81	16043.99	17858.65	18308.92	10481.76	11671.99	12262.84	11915.75
客运量(万人)	26147.83	27110.61	28384.64	28871.57	34018.43	34416.89	34745.51	34501.22
常住人口(万人)	777.7	780.2	790.1	799.8	807.6	913.5	914.3	915.6
GDP(万元)	15908213	18269215	21466221	24074596	25273442	29250426	34185315	36691832
人均 GDP (元,按常住人口)	20455.46	23416.07	27168.99	30100.77	31294.5	32020.17	37389.6	40074.08
固定资产投资额 (亿元)	542.1	645.6	737	758	838	926	1752	2357
实际利用外资额 (万美元)	35708	46273	61753	26175	23448	17574	10215	39836
第二产业比重(%)	54.4	55	54	53.3	52	52.4	51.5	50.5
第三产业比重(%)	41.5	41.4	42.7	43.6	44.8	44.4	45.3	46.4
社会消费品零售总额 (万元)	6829356	7839063	9147707	10962073	12647227	14980973	17676378	19292876
城市化率(%)	56.39	60.22	60.26	60.5	60.7	66	66.3	66.7

2005—2012 年台州市经济社会发展指标

	2005	2006	2007	2008	2009	2010	2011	2012
货运量(万吨)	8629	10318	12006	16143	15830	18155	19685	21245
客运量(万人)	10892	12143	14320	28470	29201	30137	30577	30874
常住人口(万人)	568.6	570.5	573.4	574.4	575.5	597.4	599.9	600.5
GDP(亿元)	1249.41	1458.48	1715.1	1946.23	2040.45	2426.45	2754.41	2911.26
人均 GDP (元,按常住人口)	21973.44	25564.94	29911.06	33882.83	35455.26	40616.84	45914.49	48480.6
固定资产投资额 (万元)	4506515	5405680	6243547	6547565	7297767	8380672	10078106	12425575
实际利用外资额 (万美元)	25107	31138	31150	23890	18806	13206	14301	47520
第二产业比重(%)	52.74	53.74	54.24	53.53	51.84	51.7	50.49	48.76
第三产业比重(%)	39.05	38.99	39.14	40.15	41.68	41.69	42.64	44.34
社会消费品零售总额 (万元)	4412511	5146870	6016532	7184344	8178784	9604506	11323711	13043014
城市化率(%)	50	51	51.1	51.5	51.7	55.5	56	56.9

2005—2012 年丽水市经济社会发展指标

	2005	2006	2007	2008	2009	2010	2011	2012
货运量（万吨）	3197	3283	3497	6774	6894	7363	4702	4660
客运量（万人）	4779	4814	5138	5747	5771	5863	5875	5874
常住人口（万人）	226.5	227.6	228.6	230	230.9	211.8	211.6	211.7
GDP（亿元）	318	362	441	515	546.5	663.3	798.2	894.1
人均 GDP （元，按常住人口）	14039.74	15905.1	19291.34	22391.3	23668.25	31317.28	37722.12	42234.29
固定资产投资额 （亿元）	188	209	223	231.7	256.6	298	358.5	472
实际利用外资额 （万美元）	1943	1926	2232	8102	2913	3751	4430	10386
第二产业比重（%）	45.8	45.9	47.3	49.3	47.8	49.5	50.3	50.3
第三产业比重（%）	40.4	41.7	41.2	40	41.5	41	40.6	40.8
社会消费品零售总额 （亿元）	123.8	140.8	163.45	196.3	225	266.1	315.9	371.1
城市化率（%）	40.3	42	43.3	44.9	46.5	48.4	50.5	52.5

名词索引